O PRINCÍPIO DA SIMPLICIDADE

SEIS PASSOS PARA CONTROLAR A ANSIEDADE EM UMA ERA DE SOBRECARGA

JULIA HOBSBAWM

O PRINCÍPIO DA SIMPLICIDADE

SEIS PASSOS PARA CONTROLAR A ANSIEDADE EM UMA ERA DE SOBRECARGA

TRADUÇÃO
UBK Publishing House

ubook ubk
Publishing House

ubook UbK
Publishing House

PRODUÇÃO EDITORIAL	BR75 | Clarisse Cintra e Silvia Rebello
COPIDESQUE	BR75 | Fernanda Mello
REVISÃO	BR75 | Magda Carlos e Renato Biao
PROJETO GRÁFICO E ADAPTAÇÃO DE CAPA	Bruno Santos
IMAGEM DE CAPA	pathdoc/Shutterstock
DIAGRAMAÇÃO	BR75 | Thais Chaves

Dados Internacionais de Catalogação na Publicação (CIP)
(Câmara Brasileira do Livro, SP, Brasil)

Hobsbawm, Julia
O princípio da simplicidade : seis passos para controlar a ansiedade em uma era de sobrecarga / Julia Hobsbawm ; tradução UBK Publishing House. -- Rio de Janeiro : Ubook Editora, 2020.

Título original: The simplicity principle : six steps towards clarity in a complex world
ISBN 978-65-87549-76-7

1. Administração do tempo - Aspectos psicológicos 2. Mindfulness (Psicologia) 3. Simplicidade I. Título.

20-42812 CDD-650.11

Ubook Editora S.A
Av. das Américas, 500, Bloco 12, Salas 303/304,
Barra da Tijuca, Rio de Janeiro/RJ.
CEP.: 22.640-100
Tel.: (21) 3570-8150

A Jessica Morris, pensadora do Hexágono e fundadora do OurBrainBank, por excelência e por sua simples coragem.
E *in memoriam* de Tommy Helsby, que faz muita falta.

A melhor abelha do mundo só pode ensinar
o que ela mesma sabe.

JULIEN FRANÇON

SUMÁRIO

PREFÁCIO

A vida é realmente simples, mas insistimos em torná-la complicada.

CONFÚCIO

Escrevi *O princípio da simplicidade* para nos reconectar a soluções em escala humana em um mundo super-rápido, repleto de máquinas, e também para transmitir o que aprendi e o que eu mesma pratico. Sempre que posso, sigo meus princípios. Agindo assim, sinto-me mais aberta, criativa, produtiva, nos trilhos. Quando não ajo dessa maneira, percebo imediatamente a mudança, — como em uma semana sem exercícios ou uma comilança de feriado com todos os alimentos errados.

Simplicidade é um conceito antigo. No século XIV, o britânico especialista em lógica e frade franciscano Guilherme de Ockham afirmou que o simples funciona melhor do que o complicado. Esse sábio escreveu: "*Numquam ponenda est pluralitas sine necessitate*", que para quem, como eu, não avançou muito em latim na escola, traduz-se: "Nunca empreenda a pluralidade sem necessidade", esse pensamento tornou-se conhecido como "Navalha de Ockham". Penso que é uma boa forma de resumir este livro, partindo do século XIV.

Voltando ainda mais no tempo, o filósofo grego Aristóteles descreveu *o* termo *Eudaimonia* como algo que transmite uma sensação de felicidade ou bem-aventurança — uma prosperidade no mundo. Quando se floresce, tudo se encaixa, tudo flui e apenas funciona, mesmo que não se tenha certeza absoluta do motivo. Como um sexto sentido, você apenas *sabe* quando algo está correto, e é um sentimento simples e certeiro. No mundo moderno, falamos menos sobre florescer e mais sobre "resiliência" — como se devêssemos sobreviver em vez de prosperar.

É difícil florescer em um mundo assolado por velocidade, escala, estresse e incerteza. Para todo lugar que olhamos, podemos ver as marcas do progresso misturadas ao retrocesso. Estamos presos em uma teia de complexidade, atando-nos firmemente a sistemas e camadas que podem ser sufocantes. Tornou-se normal administrar uma bola de neve de códigos e senhas e manter em equilíbrio estar off-line e on-line, como se fôssemos experientes malabaristas. É normal? Bem, o novo normal. Mas quase sempre complicado.

Não que a busca pela simplicidade seja apenas para dominar o uso da tecnologia. Ninguém está dizendo que a complexidade começou com a internet: eu, certamente, não. Nós, humanos, fazemos o que usamos, e até mesmo a nova geração de inteligência artificial e robótica será em grande parte projetada, construída e monitorada por nós. A mudança — se quisermos executá-la — não é moderna, de alta tecnologia e cara. É antiga e de baixa tecnologia, e cada um(a) de nós pode arcar com ela: podemos pensar e fazer as coisas de forma diferente.

Este livro é um "como fazer" não apenas para indivíduos, mas para equipes, líderes e para quem, como eu, mastiga a infinita complexidade de uma bala puxa-puxa quando, no fundo, sabemos que *não precisa ser assim.* O que quer que você faça na vida, seja estudante, líder empresarial, gerente, freelancer, um pai ou uma mãe fazendo malabarismos com filhos e trabalho, ou alguém que acabou de se aposentar, escrevi este livro para você. Escrevi como uma ajuda para que se liberte de muitas opções e complexidade e obtenha o controle de seu foco e produtividade.

Escrevi esta obra para mim mesma, para me manter conectada à simplicidade que desejo em uma vida feliz, mas sobrecarregada. Como você, tenho diferentes papéis e responsabilidades. Como você, percebo que a ideia de "produtividade" não é sobre trabalhar todas as horas disponíveis nem estar "sempre ligado", mas encontrar o equilíbrio entre a vida profissional e a vida doméstica.

Utilizei mais de trinta anos de experiência como consultora, empreendedora e educadora, aprendendo ao escutar outras pessoas sobre o que elas querem cortar da complexidade. O resultado é o *Princípio da Simplicidade.*

Minha proposta é simples. A complexidade não precisa dominar, complicar ou desordenar nossas vidas. Podemos aprender a otimizar e simplificar no que nos concentramos e onde colocamos nossa energia e inteligência. Quero compartilhar com vocês minhas ideias para manter as coisas simples em qualquer tipo de situação e ajudá-los(as) a reduzir a complexidade. O Princípio da Simplicidade é fundamentado em duas ideias centrais resumidas em seis palavras: **Mantenha simples. Aprenda com a natureza.**

1 **Mantenha simples.** A simplicidade reduz a complexidade. Traz foco, produtividade, criatividade e calma. A vida sempre será complicada, mas a tornamos *muito* mais complicada do que precisa ser. Quando olhamos ao redor, alguns sistemas básicos da vida cotidiana, estudantil, profissional e cívica são um emaranhado, uma confusão de "sistemas", como uma bola de lã mal enrolada. A simplicidade traz o equilíbrio entre o que é *complicado* — o que pode ser laboriosamente descortinado — e o que é *complexo*, para o que precisamos de alternativas. É hora de recuar. Há *sempre* coisas que podemos fazer para simplificar, e nossa habilidade nisso é, muitas vezes, a diferença entre o sucesso o fracasso.

2 **Aprenda com a natureza.** Podemos olhar e aprender com a natureza e a ciência a fim de utilizar o padrão de forma simples em um processo que chamo de **Ação Hexagonal**. A forma de seis lados que vemos nos flocos de neve, nos átomos hexagonais cercando o carbono (um dos principais blocos de construção da vida) e nos favos de mel nos mostra sua simplicidade e utilidade. Enquanto isso, o próprio número seis é chamado de "o número perfeito" na matemática e é um algarismo de organização útil que podemos usar. O hexágono é um exemplo de simplicidade. Podemos aprender com sua incrível força e utilidade. E uma garota-propaganda para a Ação Hexagonal é a abelha. Como nós, é uma espécie "social" e um "superorganismo" que depende dos outros para ser seu melhor.

Estas seis palavras — **Mantenha simples. Aprenda com a natureza** — são, em suma, o Princípio da Simplicidade.

Floresça por meio da simplicidade

Colocar o Princípio da Simplicidade em prática deve *parecer* simples e *correto*. Pode nem sempre ser fácil: pensar e mudar o comportamento requer compromisso, curiosidade, tentativa e erro. Mas não há nada de complicado nisso. Não há nada a memorizar, a exercitar. Basta perceber o que desencadeia reconhecimento ou excitação e ver o que você quer experimentar por tão pouco quanto seis minutos, seis horas ou seis meses.

Usando as técnicas descritas neste livro, espero que você possa florescer novamente. Talvez até mesmo experimente uma sensação de florescimento pela primeira vez. É claro que, se você acha que a vida é boa como está, talvez ocupada, mas não sobrecarregada, ou ricamente recompensadora em vez de frustrante, ou se já tem um sistema para superar as "coisas" em sua vida, economize um tempo valioso e feche este livro! Mas é claro que espero que você *continue* lendo, para que eu possa compartilhar não só minhas ideias, mas algumas descobertas interessantes que você pode achar úteis sobre como pensamos e nos comportamos. Espero que ache o Princípio da Simplicidade tão útil quanto eu para fazer e pensar, para agir.

Portanto, espero que o sistema da Ação Hexagonal se torne tão útil para manter a sua vida e a sua carreira nos trilhos quanto manter 10 mil passos por dia, ou consumir cinco de suas frutas e vegetais diários. O Princípio da Simplicidade é sobre um novo tipo de saúde, bem-estar e preparo físico que ocorre fora da academia. É parte do que chamo de Saúde Social, que é como nos conectamos a nossas vidas, uns aos outros e à tecnologia na era digital.

Ao continuar lendo, você descobrirá como pode simplificar radicalmente a maneira como olha para a sua vida, dar tempo para a sua mente e aumentar sua produtividade e foco — de modo muito direto. Vamos começar?

Introdução

Simples pode ser mais difícil do que complexo: você tem que trabalhar duro para ter o pensamento claro e simples. Mas vale a pena no final, porque, uma vez que chega lá, você pode mover montanhas.

STEVE JOBS

Começou com um KISS*

Encontrei pela primeira vez a ideia da simplicidade em um mundo complexo em meus vinte anos, na década de 1980, quando a vida parecia muito mais simples e descomplicada do que é hoje. Estava começando minha carreira e trabalhava na publicação de livros em uma pequena editora chamada *Virago*, na qual tive o privilégio de lidar com a grande poetisa americana, acadêmica e militante dos direitos civis Maya Angelou. Ela me causou uma impressão duradoura.

Maya tinha mais de 1,80 metro de altura, a mais impressionante voz de barítono e uma incrível presença de palco. Quando ela falava, você ouvia. Em particular, era uma grande fã da recitação de aforismos. Fazia isso com um floreio, em geral com um sorriso, muitas vezes com um uísque, sempre com seriedade. Como poetisa, ela entendeu que a simplicidade muitas

---

*Acrônimo em inglês para "Keep it Simple, Swetie" ("Mantenha simples, querido(a)").

vezes tem o melhor impacto. Sempre me lembro dela corrigindo alguém por dizer "serei brutalmente honesto". "Por que", perguntava ela, "você precisa ser brutal? A honestidade já não é suficiente? Basta dizer que vai ser honesto sem complicar. Mantenha simples, querido."

Isso se referia a um dos ditados favoritos de Maya. Você deve conhecer o KISS como sendo *Keep It Simple, Stupid* (mantenha simples, estúpido(a)). Mas como não gostava de vulgaridade ou de qualquer tipo de brutalidade, Maya Angelou usou sua licença poética para corrigi-lo de modo sutil. Sua versão alterada do KISS foi ainda melhor: "Querido(a)" foi uma grande melhoria em relação ao "estúpido(a)". *Mantenha simples, querido(a)*: gosto disso.

De qualquer forma, o KISS é tão sério quanto simples. Embora eu olhe para trás e pense que a vida pré-internet e pré-mídia social era mais simples, é claro que não era. Era apenas diferente. No século XIX, na Grã-Bretanha, Charles Dickens escreveu "estar com as mãos e os pés amarrados pela burocracia". Ainda há muita burocracia no campo jurídico em todo o mundo: os documentos estão presos àqueles tempos em que a complexidade surgiu de nossas tentativas de impor ordem social e política com impostos, leis e "instrumentos" financeiros. Hoje, a complexidade nos envolve como um lenço apertado, mesmo em tarefas cotidianas. Ela é invisível e ainda drena tempo, energia e foco. Podemos ver e sentir os efeitos de muito pouco KISS e muita complexidade de modo claro.

O Exército americano sabia disso muito bem. O KISS foi cunhado como um princípio de design nos anos 1930 por um engenheiro aeroespacial americano na fabricante de aeronaves Lockheed Skunk Works. Clarence "Kelly" Johnson supervisionou a produção de aviões na Segunda Guerra Mundial que eram a grande aposta não apenas para os pilotos, mas para o país. Ele sabia que o princípio de manter as coisas simples e focadas era um atalho para salvar vidas. Sabia também que era preciso projetar e construir para simplificar, ou os pilotos poderiam muito bem explodir pelos ares.

Complexidade assassina

É uma pena que o princípio KISS atualmente não seja de uso popular. Na verdade, tomamos a complexidade como garantida, a simplicidade tem sido esquecida; certamente já não é uma prioridade. Pergunto-me se o KISS estava em ação quando dois aviões Boeing 737 MAX colidiram em 2018 e 2019. Um total de 346 pessoas perderam a vida e imediatamente ficou claro que tinha havido uma terrível complexidade envolvendo humanos e tecnologia que poderia ter sido responsável.

Na sequência, descobriu-se que tanto humanos quanto máquinas eram culpados. Havia uma falha de projeto no novo sistema de computador na cabine de comando, combinada a pilotos inexperientes, com muito pouco treinamento no novo sistema. Catastrófico! A falha no computador começou a empurrar o avião para baixo e anular os esforços do piloto para retornar à posição correta. Eu diria que, quando o princípio KISS é negligenciado, pode ser realmente desastroso.

O CAT versus o KISS

Muitas vezes penso nos pilotos, em sua confusão frenética, e me lembro de uma síndrome que noto nos clientes em circunstâncias menos desesperadas que, no entanto, são atrapalhados por um emaranhado de problemas. Frequentemente, sentem-se presos por questões concorrentes, seu foco é acentuado. Chamo isso de síndrome de CAT, que significa Complexidade, Ansiedade e (muito pouco) Tempo. Ninguém pode pensar direito se estiver no meio de algo que simplesmente não entende. A pressão para realizar piora as coisas, e, se há um prazo, o desastre se torna inevitável. A lição? Não deixe de lado a simplicidade.

E a vida cotidiana? Onde está a simplicidade nela? A vida não parece simples quando você está abrindo janelas atrás de janelas, tentando encontrar o carregador perfeito, se certificando de que o seu documento é compatível, ou se perguntando por que os dez minutos que você passou on-line se tornaram uma hora.

Se você sente que tem que se fazer visível a cada poucos minutos nas mídias sociais, ou dominar a mais recente tecnologia em seu escritório apenas para se manter atualizado, é, no mínimo, uma perda de tempo. Mas lá fora, na vida cotidiana, pode ser ainda mais complicado. Eu estava em Nova York uma vez quando as luzes se apagaram ao redor da Times Square por várias horas devido a uma queda de energia. Algo a ver com uma subestação.

Milhares de pessoas foram afetadas, centenas ficaram presas em metrôs escuros ou em elevadores, enquanto os carros tiveram que se esquivar dos semáforos desativados. Todos confiaram na vida útil da bateria dos celulares para alimentar qualquer comunicação, mas ninguém realmente sabia o que estava acontecendo.

No entanto, isso foi em Manhattan, sede das Nações Unidas! Sede da Wall Street, da Broadway. Frank Sinatra cantou sobre esta cidade: "Se eu me sair bem lá, farei isso em qualquer lugar". E isso aconteceu em meados do século XXI. Um mês depois, eu era uma das milhões de pessoas no Reino Unido que perderam a eletricidade por várias horas quando a National Grid, a distribuidora de energia, sofreu um pico de tensão.

Quando a vida moderna fracassa em se comportar como deveria é sempre um chamado a despertar e cria ansiedade e inquietação, além do evento em si. Isso lembra o quanto somos dependentes, e como não temos um plano real de emergência. Não temos em nossas mentes, nem realmente no mundo. Sentimo-nos impotentes, e não é uma boa sensação.

Na sequência dessas falhas do sistema, é claro que ninguém pode ser responsabilizado. Apenas um monte de sistemas de computador complexos. Eles são hiperconectados, mas não humanos. Não têm rosto nem voz. A cadeia de comando para eles é tão ampla e profunda que nunca é fácil identificar quem está no controle, muito menos quem é o culpado. Quando um link cai, somos instantaneamente mergulhados de volta em uma distorção temporal do século, antes de tudo o que damos hoje por garantido: eletricidade, transporte coletivo, ar-condicionado, semáforos ou TV.

Também não há muita simplicidade em nossa vida pública. Os políticos atuais parecem não conseguir explicar as próprias políticas e sistemas às pessoas sem estarem atados a nós. Antes do referendo Brexit no Reino Unido, meu país de origem, em 2016, o *Financial Times* disse que tudo o que tinha a ver com as relações entre a Grã-Bretanha e a União Europeia envolvia uma "tortuosa complexidade".

No próprio referendo, as pessoas confundiram expectativas políticas e votaram pela saída. A campanha vencedora condensou toda essa complexidade em uma mensagem simples: "Take back control" (Retomar o controle). A campanha foi liderada por Boris Johnson, que se tornou primeiro-ministro e depois ganhou as eleições gerais do parlamento britânico de 2019, usando o slogan "Get Brexit done" (Conquistar o Brexit). As pessoas querem reduzir a complexidade como a Navalha de Ockham e recompensar os políticos que reconhecem isso. Os críticos chamam de populismo simplista mas, na verdade, pode ser realismo.

Este livro tem tudo a ver com dizer "não" à suposição de que todas as coisas complicadas precisam ser assim, sempre. E ter certeza de que o humano na Era da Máquina ainda está no banco do motorista. Os sistemas que criamos e seguimos são nossos, e nosso comportamento pode mudar de maneiras sutis, intencionais e diárias.

O sistema mais complicado do universo

É claro que a vida é complicada. Você não me parece o tipo de leitor que precisa amenizar as coisas ou torná-las simplistas. Os seres humanos são tão sofisticados e complexos quanto possível. Temos 86 bilhões de neurônios trabalhando o tempo todo no cérebro, corretamente descrito como "*o objeto mais complicado do universo*".[1] O cérebro é parte de um corpo ainda mais espantosamente complicado, com quase 40 trilhões de células, mantendo o espetáculo de estar vivo a cada segundo de cada dia. Evoluímos ao longo de milhões de anos para superar os desafios da natureza, doenças (das eras do gelo às pragas), guerras e escassez e construirmos sociedades, cidades, computadores, robôs e nanotecnologia.

Mas nossa capacidade de criar complexidade está em absoluto desacordo com nossas simples necessidades emocionais e físicas: uma vez que temos amor, abrigo, comida e trabalho, não precisamos de muito mais; ainda assim, para conseguirmos alguma ou todas essas coisas, a vida é cada vez mais complicada. E aqui está a ironia: uma das razões pelas quais lutamos contra a complexidade é que nosso cérebro não está conectado para lidar com o excesso de informação e nossa capacidade de lidar com o estímulo excessivo é, na verdade, muito limitada. Nosso cérebro pode ser uma incrível proeza de engenharia natural, mas nossa memória de trabalho — aquela parte do nosso processamento mental que governa o raciocínio e o comportamento — em geral mostra um limite de quatro a sete itens de cada vez.[2]

Isso seria bom se todos nós ainda estivéssemos caçando e coletando como fazíamos duzentos mil anos atrás, em comunidades isoladas, executando sete coisas ou menos durante uma vida inteira: criando famílias, lutando, cozinhando, caçando, permanecendo vivos. Mas não é tão bom em um mundo onde tomamos 35 mil decisões em um único dia. Em 2021, a internet criará 3,3 zettabytes. Não há como colocar simplesmente a unidade de informação (um zettabyte é igual a um sextilhão ou 1.000.000.000.000.000.000.000 de bytes), mas acho que vocês concordarão que é... muito.

Redução da complexidade

Tudo isso é importante porque a neurociência nos mostra que, quando as coisas se complicam demais, nosso cérebro efetivamente entra em curto-circuito e desliga. O aumento dos sintomas de estresse e da demanda por desintoxicação digital são sintomas de um mundo que supervaloriza a complexidade, mas anseia por simplicidade. Quando estamos sobrecarregados, cometemos erros. Ficamos estressados. Deprimidos. Irritados. Desapontados. Lutamos. Somos multitarefas, embora estejamos ligados principalmente à monotarefa. Sim: enquanto você entra e sai em zigue-zague de diferentes funções com barulho, imagens, perdendo a cabeça, está desafiando a química básica do cérebro, que é gritar, "*Código Vermelho!*" quando você o faz. Mas não sentimos que isso é errado, ou que temos escolha.

Certamente temos alguma escolha. E ela começa em querer manter ou não as coisas complicadas, ou decidir — como espero que façam — buscar o caminho mais simples. Deixe-me explicar o que esperar deste livro e como você pode ajudar a si mesmo, e aos outros, a lidar com a complexidade e colocá-la de lado em favor de seu melhor eu: a simplicidade.

Na parte um, defenderei a simplicidade e o afastamento da complexidade, e explicarei o próprio **Princípio da Simplicidade** e a **Ação Hexagonal**. Os dois andam juntos, como teoria e prática. O capítulo 1, "Mantendo o equilíbrio: o espectro da simplicidade", começa desempenhando o papel de advogado do diabo, perguntando o que há de errado com a complexidade — dado o quanto os seres humanos são complicados — e mostra como não se trata de uma coisa ou outra, mas de encontrar um equilíbrio entre elas. O capítulo 2 apresenta a Ação Hexagonal. Pense nisso como sua caixa de ferramentas (muitas porcas e parafusos têm forma hexagonal), porque os hexágonos são super-resilientes, eficientes e flexíveis. O capítulo 3 apresenta as seis maneiras de encontrar o foco e melhorar a produtividade, antes de chegarmos em detalhes.

Na parte dois, exporei os detalhes dos **Seis lados da simplicidade**. É a Ação Hexagonal na prática: cada lado começa com um axioma de seis palavras ou um ditado para focalizar. Se quiser, você pode simplesmente pular direto para essa parte e ver quais lhe dão uma pontada de reconhecimento e despertam o seu interesse.

As três primeiras, *Clareza*, *Individualidade* e *Reinício* abordam como se conectar com prioridade e propósito, desenvolver hábitos, superar distrações, conectar-se com criatividade e bem-estar e aprender o valor da desconexão quando se trata de operar no seu melhor. O segundo trio é formado por *Conhecimento*, *Redes* e *Tempo*. Essas ideias se baseiam no que tratei em meu último livro, *Sempre conectados: saúde social em uma era de sobrecarga*. A Saúde Social é uma forma de sobreviver e prosperar na Era da Internet.[3] No início de cada um dos "Seis lados da simplicidade" estão seis breves mantras, de seis palavras de simplicidade e que resumem o que está por vir. No final de cada seção, há uma lista de Seis Lições para fixação e chamadas à ação para você, todas focalizadas nas seis palavras que estão no cerne do Princípio da Simplicidade: *mantenha simples, aprenda com a natureza*.

Na parte três, você encontrará alguns famosos **pensadores do Hexágono** para inspirá-lo(a), pessoas que encarnam o espírito do Princípio da Simplicidade e praticam a Ação Hexagonal. E você também chegará a *Ser a Abelha*: imaginar-se nos papéis que ajudarão a planejar ser o seu melhor eu conectado, o seu melhor eu produtivo e o seu melhor eu individual, como a abelha. A terceira parte também encerra o livro com alguns exercícios da **Ação Hexagonal**.

Como é o sucesso?

Bem, espero que você aprecie as histórias e ilustrações que mostram como a utilização da natureza, da geometria e do padrão no dia a dia, e um pouco das táticas das abelhas, pode reciclar seu comportamento. O que chamo de Saúde Social — comportamento conectado na era digital — depende de quão bem administramos o que fazemos on e off-line, dentro e fora da natureza, e de forma organizada ou desorganizada. A neurociência — o estudo de nosso cérebro — é clara sobre como podemos religar tanto nosso pensamento quanto nosso comportamento. *Podemos* desfazer padrões, mudar caminhos: através da neuroplasticidade, que é a forma como o cérebro muda constantemente, podemos reaprender padrões de comportamento, de pensamento, sobrepondo-os com novas técnicas.[4]

Ao despi-lo, ao dar um KISS a sua tarefa, você não cairá na toca do coelho da falta de limites, o que sobrecarrega o seu pobre e velho cérebro. Em vez disso, será capaz de recuar, simplificar e decidir quais são realmente as decisões e ações que precisa tomar. Em outras palavras, você pode realmente mover montanhas. Simples assim.

PARTE UM

Mantenha simples, querido(a)

1

Mantendo o equilíbrio

O espectro da simplicidade

Pela simplicidade que reside neste lado da complexidade, eu não daria um figo, mas pela simplicidade que reside no outro lado da complexidade, eu daria minha vida.

OLIVER WENDELL HOLMES JR.

A agulha no palheiro

Você já perdeu algo e foi incapaz de encontrar, mesmo sabendo que estava *ali em algum lugar*? Uma amiga uma vez teve que desaparafusar a lareira para alcançar um passaporte que havia caído, mas esse foi um caso de, literalmente, pôr algo no lugar errado: saber onde está e ter que recuperá-lo. Porém, e nas vezes em que não se pode acessar o local onde algo está porque não se tem um sistema para encontrá-lo?

A ideia de arquivar, um conceito da Idade Média que significa "encadear documentos em uma linha ou fio para mantê-los em ordem", é bastante simples: *gerenciar a complexidade*. Há mais dispositivos conectados do que pessoas no planeta, e o volume de dados carregado todos os dias no mundo é tão rápido e vasto que é difícil manter o controle (apenas como exemplo, noventa por cento dos dados na internet foram adicionados nos últimos cinco anos).[1] Quanto mais nos voltamos à tecnologia e às máquinas para nos ajudarem a administrar o infinito, menos dependemos dos seres humanos para manter o que aprendemos, compartilhamos e usamos em proporções gerenciáveis.

É uma pena — e um erro. É verdade que os seres humanos têm um viés de complexidade embutido, uma inclinação natural para tornar as coisas complicadas. Como o acadêmico de design e engenharia Don Norman escreve em seu livro *Living with complexity* (Vivendo com a complexidade):

> Buscamos vidas ricas, satisfatórias, e a riqueza vai junto com a complexidade. Nossas canções, histórias, jogos e livros favoritos são ricos, satisfatórios e complexos. Precisamos de complexidade, mesmo quando desejamos simplicidade... Alguma complexidade é desejável. Quando as coisas são simples demais, também são vistas como tediosas e monótonas.[2]

E como aponta o economista Tim Harford, em seu maravilhoso livro *Caos criativo*: "Da perspectiva de um bom escritório de canto, a mesa bagunçada de outra pessoa é uma coisa desagradável de se ver. Para o gerente sênior, a lição é simples: resistir à necessidade de arrumar as coisas. Deixe a bagunça — e seus trabalhadores em paz".[3] Mas também desejamos simplicidade, da Navalha de Ockham ao KISS, e por meio de nosso profundo apego ao ritual: dos hábitos particulares que temos com nossas xícaras de chá e café ao apelo global dos esportes coletivos com suas regras, ou mesmo o ritual e a observância religiosa — e, para muitas pessoas, ordem e simplicidade são altamente calmantes e reconfortantes.

O Princípio da Simplicidade tem tudo a ver com obter o equilíbrio certo entre dois estados extremos e encontrar estabilidade em um lugar no meio.

A trave de equilíbrio

Tente se imaginar no lugar de um ginasta em uma trave de equilíbrio de dez centímetros de largura, tendo que pular, saltar, girar e ficar de pé por setenta a noventa segundos, sem vacilar ou cair. Nada mais a acrescentar: simples. Você já tentou? Na verdade, pode sequer contemplar isso? O equilíbrio é essencial na ginástica, e a manutenção do centro de gravidade é a regra principal.

Para os mais velhos, a estabilidade pode fazer a diferença entre uma vida de segurança e uma de quedas. Quando minha mãe, de 87 anos, sofreu um terrível tombo em seu apartamento e quebrou o fêmur, foram necessários seis meses de fisioterapia intensiva focada no equilíbrio para que pudesse voltar a caminhar sem auxílio.

Ela teve que fazer exercícios intermináveis a fim de desenvolver sua força, sua agilidade e seu equilíbrio. Esses exercícios não eram aleatórios, mas com base em profundo conhecimento, estrutura e padrão impostos. Ela mantinha fotos deles na parede para lembrá-la e, apesar da seriedade da lesão, recuperou o equilíbrio. Tomou tempo, paciência e foco em passos simples e repetitivos.

Vender com simplicidade

Sei que as coisas podem ser muito difíceis, mas nunca acho que sejam impossíveis. Podem me chamar de otimista com entendimento do pessimismo! Sei que a simplicidade funciona, olho ao redor e sei que ela vende. Steve Jobs, fundador da Apple, estava certo quando disse que manter as coisas simples é um trabalho árduo.

Mas ele também fez uma fortuna com a simplicidade, conhecia as recompensas. Os produtos da Apple colocam a simplicidade no cerne de seu design *cool*, elegante e funcional. São simples de usar e olhar, e fazem backups e armazenagem de maneira muito simples. Quando você olha a lista das empresas mais ricas do mundo, da Amazon a Alibaba, da Johnson & Johnson a Tencent, todas têm algo em comum: nos bastidores há uma tremenda complexidade no que fazem, desde a tecnologia de *back-end*, estruturas corporativas e cadeias de produtos.

No entanto, no *front end*, o que o consumidor vê e experimenta para navegar, comprar, escolher e permanecer leal tem que ser o mais simples possível para funcionar. Portanto, a complexidade está lá, mas não na frente e no centro: esse é o trabalho da simplicidade.

Simplicidade vende tudo, desde produtos a canções pop e política. O lema "Take back control" venceu o referendo do Brexit na Grã-Bretanha e "Make America great again" (Torne a América grande novamente) foi um slogan vencedor para o presidente Trump. Em ambos os lugares, muitas pessoas desdenharam, exasperadas, e odiaram a simplicidade, mas funcionou. É chamado de "corte". Na Índia, o slogan da marca de laticínios Amul é simplesmente "*O sabor da Índia*", enquanto o slogan da China Mobile é "*De braços abertos*". A canção de Ed Sheeran, *Shape of You* é a mais tocada por streaming em todos os tempos e o refrão "*I'm in love with the shape of you*" é muito simples. É o que faz uma música vencedora: simples, memorável.

As bordas duras e macias da vida

A natureza sabe tudo sobre o espectro entre simplicidade e complexidade. Em muitos aspectos, é extremamente complexa — assim como nosso corpo e nosso cérebro. A teoria do caos, que nos diz que uma borboleta batendo as asas tem um microimpacto sobre um furacão, faz parte do lado aleatório e caótico da natureza. No entanto, enquanto muitas formas e padrões na natureza são o que chamamos de "fractal" (como árvores), a natureza também fornece um contrapeso ao caos e à complexidade do universo. Está cheia de formas que seguem regras e têm uma ordem que pode ser mapeada, compreendida e aplicada.

O hexágono e todas as formas geométricas na natureza impõem o design por meio de suas linhas e oferecem algo como um sistema de arquivamento, que pode ser eficiente, organizado e copiado. Por nós. Aqui está apenas um exemplo: o favo de mel. Esse é o coração pulsante de uma colmeia e contém larvas de abelhas, pólen e mel. As células são hexagonais e feitas de cera.

O favo de mel é uma das formas mais famosas da natureza. O formato das células hexagonais nunca se altera, como os experimentos para tentar enganar as abelhas e induzirem-nas a fazer formas diferentes têm mostrado. Foi Charles Darwin quem primeiro alegou que a forma se relacionava à eficiência espacial; embora seja em grande parte verdade, também há um outro aspecto.

Em *A vida das abelhas*, um estudo encantador e exaustivo publicado em 1901, Maurice Maeterlinck conclui que "o hexágono não é meramente o resultado de necessidades mecânicas, mas que tem seu verdadeiro lugar nos planos, na experiência, no intelecto e na vontade das abelhas".[4] Voltarei ao hexágono com mais detalhes, porque é a forma por meio da qual colocamos em prática todo o Princípio da Simplicidade: lado a lado, pouco a pouco.

O fardo da complexidade

Com o que podemos aprender sobre a utilização que a natureza faz de padrões e formas, temos uma ajuda para navegar pela complexa e caótica sobrecarga ilimitada do presente. Em vez de nos sentirmos à mercê do caos e do *excesso*, podemos criar soluções para tornar o Princípio da Simplicidade mais fácil do que o fardo da complexidade. O maior e mais óbvio fardo diz respeito à produtividade e à nossa saúde mental.

À medida que a tecnologia acelera nossa vida, também a complica. Você pode pensar que nossa vida, especialmente a profissional, seria mais fácil, mas não acontece dessa forma. Globalmente, os níveis de produtividade, usados para medir o quanto os trabalhadores contribuem economicamente, estão estagnados. No Reino Unido, onde moro, o Health and Safety Executive, a organização de saúde e segurança, relatou em 2019 que mais de quinze milhões de dias de trabalho a cada ano são perdidos devido ao estresse,[5] enquanto os dados da Comissão Europeia (2000) mostram que até sessenta por cento de todos os dias de trabalho perdidos são devidos ao estresse.[6]

Em todo o mundo, o estresse é uma despesa maciça para as empresas, custando trezentos bilhões de dólares anuais somente aos Estados Unidos.[7] A Organização Mundial da Saúde (OMS) relata uma morte por suicídio a cada quarenta segundos em todo o mundo.[8] Reconhece-se agora que o suicídio é um problema social, não apenas privado e limitado aos indivíduos em questão.

Portanto, não é exagero dizer que o estresse é como um derramamento de petróleo espalhado pela sociedade. A vida moderna tornou-se dura e complicada demais para o nosso próprio bem. Uma das razões é que ouvimos constantemente que a tecnologia está fazendo com que a nossa vida seja mais fácil, suave e rápida. A experiência é muitas vezes a oposta. Sim, a sociedade pode estar avançando de muitas maneiras bem-vindas, mas, a nível pessoal, o estresse indica que nossas vidas sentem tudo, menos facilidade ou suavidade.

Simples e direta

De todas as diferentes definições de simplicidade, a que mais gosto é: "*a qualidade ou condição de ser simples ou descomplicado na forma ou no* design". O autor Matt Haig, que escreve sobre saúde mental e ansiedade, expõe bem: "*Depois de desejar, durante anos, complexidade e acreditar que isso era futurista... agora, todos estão simplesmente indo para o outro lado*".[9]

O estresse de não conseguir apenas fazer algo rápido, limpo, significativo e, em vez disso, ser atrasado, desapontado, desconectado de uma solução são fatores que colocam pressão e geram dor na psique pessoal das pessoas. Ninguém quer se sentir impotente. O desafio é reconhecer a complexidade quando a vemos e encontrar uma maneira de se colocar pessoalmente de lado e lidar com ela quando não está funcionando a nosso favor.

Complexo versus complicado

Não me entenda mal. A complexidade é inevitável e, até certo ponto, absolutamente necessária. A medicina, a física quântica e a robótica não são simples. Muitas vezes os sistemas complexos funcionam e nos trazem benefícios. A escala do desafio de simplificar um mundo complexo foi muito bem colocada em um artigo de filosofia, em 1962, no *Journal of Philosophy*. O autor, Mario Bunge, observou:

> Para que a teoria da simplicidade seja de alguma utilidade, ela deve parar de evitar complexidades. A regra "Simplificar" não deve nos levar a contornar complexidades construindo brinquedos linguísticos idealmente simples; as teorias da simplicidade não precisam ser simples por si mesmas.[10]

Isso significa que devemos evitar ser simplistas ao tentar transformar o complexo em simples. Vale voltar a dizer que "complexo" não é o mesmo que "complicado". Quando algo é complicado, significa que é difícil de entender, mas pode ser desemaranhado e destrinçado. Uma máquina é um bom exemplo. Você pode desconstruir algo complicado, o que facilita o seu gerenciamento. Algo complexo — como um sistema meteorológico ou humano — é uma questão muito mais difícil. Há muitas variáveis. Um passo além da complexidade é o caos, quando não é possível prever ou ver as arestas com qualquer precisão. Muitas pessoas dizem que a vida é, basicamente, assim: acostume-se a ela. Bem, sim, mas não se afogue no mar da impossibilidade, certo? O seu cérebro, esse sistema maravilhosamente complexo, pode aprender, desaprender e refazer constantemente padrões de raciocínio: você pode ajustar o pensamento e o comportamento para priorizar um sistema sobre outro.

Espelho, seta, manobra

Pegue a direção. Quando você aprende a dirigir, tende a não esquecer. Mas no início você não tinha ideia. O seu cérebro tinha que se adaptar para entender um conjunto de tarefas complicadas que precisam ser feitas ao mesmo tempo. Em todo o mundo, por ano, mais de um milhão de pessoas morrem em acidentes de carro, e outras cinquenta milhões se ferem.[11] Isso ocorre porque não lidamos bem com a complexidade o tempo todo.

O corte para a segurança é um conjunto de regras com base na simplicidade. No Reino Unido, o mantra "*espelho, seta, manobra*" são infundidos em cada aprendiz de motorista.

Na verdade, essa simples mensagem pede às pessoas que aceitem e lidem com a complexidade da estrada e mantenham a sua atenção focada. Mas o telefone celular suscita questões complicadas. A OMS começou a alertar há muito tempo, em 2011, sobre os perigos da "*distração do motorista*" causada pelo telefone celular.[12] Relatórios ainda mais recentes sugerem que 25 por cento dos acidentes no mundo são causados pelo aparelho. Por quê? Receio que a resposta seja simples.

A direção requer uma atenção que não pode ser diluída em multitarefas. No entanto, exatamente do mesmo modo como nos iludimos com o fato de que é perfeitamente seguro enviar mensagens de texto e dirigir, ou mesmo mexer no GPS, fazemos com a vida cotidiana: tentamos fazer demais, em vez de tornar o foco simples e direto uma prioridade.

Então, você entendeu. O que pretendo é reduzir, administrar e minimizar a complexidade. Essa é a base do Princípio da Simplicidade. E a primeira coisa a fazer é desafiá-lo.

O teste de complexidade

Gosto do teste do pato, o provérbio que diz: "*Se parece um pato, nada como um pato e grasna como um pato, provavelmente é um pato*". Quando se trata de complexidade versus simplicidade, em geral é óbvio. Aplique isso ao quanto a sua vida é complicada neste momento. Está emaranhada e confusa por ter muito o que fazer? O mundo ao seu redor está organizado de maneira simples ou há camadas sobre camadas de pessoas diferentes para "atravessar" a fim de conseguir fazer algo?

Você tem prazos e cronogramas em diferentes fusos horários? Possui mais de um "*dispositivo*" e diversas plataformas em que precisa estar só para atravessar o seu dia? Isso me soa muito parecido com um "*pato*". Quá-quá... você acabou de passar no teste de complexidade.

Vamos levar o teste do pato mais longe. Responda a estas três perguntas e veja como a complexidade é dominante em situações estressantes ou problemáticas. Marque a resposta que mais se aplica à sua visão.

Faça o teste

1 Como você pensa sobre a sua vida diária

A ⬡ Funciona de maneira tranquila: tecnologia, pessoas, sistemas. Sinto-me sortudo e grato pelo fato de a vida moderna ter chegado a esse ponto.

B ⬡ Em um bom dia, sinto-me produtivo e no controle. Mas, em geral, há pelo menos uma coisa que não funciona tão bem: um aplicativo congela ou ocorre algum tipo de falha de comunicação no e-mail ou em um bate-papo em grupo que leva tempo para ser resolvido.

C ⬡ Quase todos os dias, sinto que tenho que lidar com "*engarrafamentos na vida*" envolvendo atrasos ou dificuldades. Podem ser conduzidos por pessoas ou máquinas. Não me sinto no controle de minha vida tanto quanto poderia ou deveria estar.

D ⬡ Sinto-me como uma peça de uma engrenagem. Sinto-me forçado a usar a tecnologia para fazer tudo, desde compras até contatar pessoas, e isso me deprime. Sinto-me dependente dos outros e não sou de modo algum um agente da minha própria vida.

2 Como você pensa sobre o modo como o mundo funciona

A ⬡ De maneira geral, funciona bem. As coisas acontecem pontualmente e, desde que a tecnologia não caia, a vida é boa. Sim, é complicada, mas esse é o preço que pagamos por tudo ser bom ao nosso redor.

B ⬡ Estou começando a ter minhas dúvidas. Sei até onde chegamos, mas vejo grandes problemas à volta que não parecem estar ficando mais fáceis. Acho que o mundo está mais à beira do caos do que deveria.

C ⬡ Os problemas ao meu redor estão relacionados a outras pessoas cometendo equívocos ou fazendo coisas erradas. Nenhum dispositivo tecnológico acaba com os erros humanos e a má administração. Sinto-me resignado a ter dias bons e dias ruins, como sempre.

D ⬡ As coisas estão ficando mais complicadas, não menos. Nada funciona de maneira simples e os problemas do mundo não parecem ser resolvidos de modo algum. Sinto-me muito ansioso e pessimista sobre como o mundo funciona, e pessoas como eu sentem-se impotentes.

3 Você tem uma ideia e deseja colocá-la em ação no trabalho

A ⬡ É simples. Você pode decidir rápida e facilmente e não tem níveis ou camadas a transpor (dentro do razoável) para que isso aconteça. Você tem menos de três pessoas para consultar ou discutir antes.

B ⬡ É demorado e nada pode ser feito rápido ou facilmente. No entanto, você conhece algumas pessoas que poderia visitar para encantar e persuadir a facilitar o seu caminho.

C ⬡ Há um protocolo rígido e um sistema que envolve colocar algo no papel e apresentá-lo por meio de comitês que agrupam pessoas que você não conhece. Você tem um bom cargo mas sente-se imprensado entre seus superiores e seus subordinados, não conseguindo furar a barreira que lhe separa do topo.

D ⬡ Seu local de trabalho não é receptivo a ideias e você não tem autoridade para gerar soluções: só pode implementar as instruções de outra pessoa. A individualidade e a criatividade não contam — nem falam sobre isso.

Como você respondeu

Maioria A: você não é apenas um otimista, mas a vida está cheia de coisas que podem ser simplesmente resolvidas. Portanto, agora você precisa trabalhar para identificar a essência dos simples atalhos que o ajudam e talvez possa ajudar os outros.

Maioria B: você está entre o otimista e o pessimista. Sabe que as coisas podem ser complicadas, mas também sente que elas funcionam boa parte do tempo. Seu desafio é identificar os elos fracos e trabalhar no seu entorno para corrigi-los.

Maioria C: ou você tem uma disposição sombria ou as coisas ao seu redor não funcionam muito bem. É como se a burocracia fosse uma grande parte de sua vida e você nunca pudesse agir de modo fácil ou confortável sem ter de transpor outras pessoas.

Maioria D: você vê o mundo cheio de complexidade, e pode ser que ele seja assim. Com certeza é algo que você não experimenta — infelizmente — sozinho, mas significa que uma mudança de perspectiva e de circunstâncias é necessária. Você pode ser a mudança — nada é impossível!

Vamos olhar mais detalhadamente a forma da simplicidade, o número seis e a própria Ação Hexagonal. É hora de pegar suas ferramentas e começar a trabalhar para tornar a vida mais simples.

2

Seis pacotes

Apresentando a Ação Hexagonal

Os hexágonos ocorrem naturalmente e foram uma das primeiras geometrias alternativas a serem apropriadas pela arquitetura. A natureza está repleta de seis.[1]

GRAHAM MCKAY

O número perfeito

O herói que inspirou este livro foi Euclides de Alexandria, um matemático nascido há cerca de 2.400 anos na Grécia Antiga. Muitas coisas que consideramos modernas e estão embutidas em nossos sistemas e nossa cultura foram criadas ou desenvolvidas naquele tempo, no "*berço da civilização*", como a democracia, a filosofia, a dramaturgia e a matemática.

Conhecido como o "*pai da geometria*", Euclides é a chave para o Princípio da Simplicidade. Foi ele quem descobriu que seis é o número "*perfeito*",[2] e escreveu um livro chamado *Os elementos*, que estabelece cinco axiomas ou, de modo geral, contém verdades e suposições sobre a forma.[3] São eles:

1. Uma linha pode ser traçada de um ponto a qualquer outro.
2. Uma linha finita pode ser indefinidamente estendida.
3. Um círculo pode ser desenhado, dado um centro e um raio.

4 Todos os ângulos retos são de noventa graus.

5 Se uma linha cruzar duas outras linhas, de modo que a soma dos ângulos internos de um lado da linha de interseção seja menor que a soma de dois ângulos retos, então as linhas se encontram nesse lado, e não no outro. (Também conhecido como *Postulado das Paralelas*.)

Acrescentarei, insolentemente, um sexto axioma à lista de Euclides, em homenagem ao seu número seis perfeito: a geometria traz simplicidade, pois quando utilizamos linhas e criamos divisões e formas, trabalhando com números de arestas e ângulos, impomos ordem e compreensão. Os elementos de Euclides, e sua noção do que é o seis, fazem sentido perfeito e simples para mim.

As ações falam mais alto que as palavras

Ação Hexagonal é um conceito, não uma regra rígida, que usa a forma e os lados da geometria para nos ajudar a manter o foco. Por quê? Porque pode-se contar e ver os lados de um problema muito mais claramente, e uma forma geométrica como o hexágono representa uma conexão: uma única figura geométrica deste tipo não é tão poderosa como uma pilha deles. A ideia do Pensamento Sextavado tem sido usada no design e na educação em particular, e se concentra muito na forma como um auxílio visual.

No entanto, quero me concentrar em um uso prático na vida cotidiana, na qual se deseja que o princípio seja posto em prática. Adoro a frase "*ações falam mais que palavras*", que remonta ao século XVII. Em meu filme preferido, *Minha bela dama*, Audrey Hepburn canta sobre sua frustração porque os homens em sua vida não obedecem a essa regra. "*Words, words, words, I'm so sick of words*!" (Palavras, palavras, palavras, estou tão farta de palavras!), canta ela. "*Show me*! *Show me now*!" (Mostre-me! Mostre-me agora!) A ação é forma, sim; geometria, sim; inspiração natural, sim — mas é também um chamado à ação.

O poder do seis

Não é por acaso que escolho o hexágono para representar a simplicidade, em parte porque tem seis lados. Você provavelmente já leu outros livros que dizem: "*A resposta*" está em certo número. Por acaso, o seis é um pouco especial, eis o motivo: além de estar dentro do que sabemos sobre os limites da memória de trabalho (lembre-se: o que podemos manter na cabeça não é mais do que sete coisas em um dado momento), é o primeiro e menor da série de números que Euclides identificou como "*perfeitos*".[4] O próximo é o 28, que tem seu uso como número organizador, pois é aproximadamente um mês, mas o seguinte salta para 496 (que espero que concordem que é um número bastante grande para basear um sistema organizador).

O criador do *Ursinho Puff*, A. A. Milne, escreveu um poema chamado "*Now We Are Six*" (Agora somos seis), que coloca em palavras aquele sentimento encantador que temos quando chegamos aos seis anos de idade e nos tornamos um pouco mais independentes.[5] Ele o chama de sentimento "*tão inteligente quanto inteligente*".

Bem, o número seis é inteligente. Todos nós vivemos por múltiplos dele em nossos dias de 24 horas, nossos anos de doze meses e nossa semana de trabalho de seis dias. O número seis tem uma simetria útil porque pode dividir-se em metade e em terços. Como a própria forma hexagonal, é incrivelmente versátil, flexível e forte.

Seis é um número misteriosamente atraente pelo qual muitos de nós ficamos fascinados sem realmente sabermos o motivo. O grande físico britânico e astrônomo real Martin Rees, escrevendo em seu livro *Apenas seis números: as forças profundas que controlam o universo*, identifica seis números que vão desde a medição das forças elétricas que mantêm os átomos unidos até o número de dimensões espaciais em nosso mundo, que ele diz: "*parecem especialmente significativos... acidentes da história cósmica*".[6]

Para os que gostam de programas cult de TV, a série futurista O *prisioneiro* é focada no homem chamado Número 6, que protestava por sua individualidade com o grito: "*Eu não sou um número! Sou um homem livre*!". Sem manter o misticismo para você, o fato é que o seis está presente como um número através de vastas extensões da natureza, ciência e cultura, e não é preciso olhar muito longe para vê-lo. Eis aqui seis exemplos:

1 Todos os insetos têm seis patas, e há seis "*reinos*" no ranking na biologia.

2 O cérebro, que é a essência do que nos torna humanos, tem seis áreas pelas quais experimenta e aprende especificamente: os *lobos*; os *córtices motor* e *somatossensorial*; o *tronco cerebral*; o *sistema límbico*; o *telencéfalo* e o *cerebelo*.

3 Seis é também um número altamente relevante e simbólico na religião e na cultura global. O islã tem seis Axiomas de Fé, enquanto o prato do *Seder* judaico é dividido em seis partes para conter os seis alimentos cerimoniais: matzá, o *zerôa* (osso da tíbia, pedaço de carne assada), ovo, ervas amargas, *charoset* (pasta) e *karpas* (vegetais). Embora o cristianismo celebre os sete dias da criação, é claro que foi no sexto que os humanos foram criados. E, na China, o seis é considerado da sorte porque simboliza fluxo e bem-estar.

4 O esporte ama o seis. O tênis tem seis jogos por conjunto. O vôlei tem seis jogadores(as) por equipe e a bola de basquete no jogo feminino é designada "tamanho 6". Até mesmo o críquete, um jogo que confesso não entender minimamente apesar do empenho, tem seis bolas em um *over*. Na Índia, onde o críquete é reverenciado, o número seis é especial, porque é considerado de sorte: 15 de agosto é o Dia da Independência e os numerólogos citam 1 + 5 = 6 como motivo pelo qual o seis e seus derivados, como o três, lhes dão sorte.

5 Uma célula em braile tem, sim, seis pontos, e em uma cabine de voo a configuração fundamental do instrumento é frequentemente referida, como a cerveja, como um "*pacote de seis*". Na antropologia, tradicionalmente enterramos nossos mortos seis pés abaixo do chão (no português brasileiro, no entanto, usa-se a expressão popular: "*sete palmos do chão*").

6 Não esqueçamos, finalmente, que o "*sexto sentido*" está associado à percepção extrassensorial, e confiar em nosso instinto é um aspecto-chave do Princípio da Simplicidade em geral. Senso comum e sexto sentido: não é uma combinação ruim!

Caçando o hexágono

Deixe-me dizer o que me atraiu ao hexágono em primeiro lugar. A ideia de criar um sistema de gestão pessoal e empresarial com base no número seis e ilustrar esse número em uma forma surgiu quando eu estava escrevendo meu último livro, *Sempre conectados: saúde social em uma era de sobrecarga*, especialmente quando percorri o mundo falando sobre ele após sua publicação.

A ideia central nesse livro foi algo chamado Saúde Social, que gira em torno da aplicação de princípios similares para cuidar do estado de conexão — humanos usando tecnologia —, como fazemos com nossa saúde física e mental. Enquanto monitoramos o que comemos, como trabalhamos e o quanto dormimos, de algum modo acabamos tirando o pé do freio quando se trata de horas de "empanturramento" virtual, obtendo "infobesidade" em infinitas informações esmagadoras.

Há uma simplicidade central nessa ideia que repercutiu no público, mas ainda precisava ilustrá-la de maneira superclara e explicar como poderia ser colocada em prática. O padrão e a forma sempre me interessaram porque gosto de design e arquitetura e, é claro — de volta à Apple, por exemplo —, do quão fortemente nos relacionamos com a estrutura e a imagem simples. Além disso, gosto dos blocos de construção de uma operação, sendo capaz de destrinçar e desemaranhar com bastante precisão como as coisas acontecem, e é provavelmente por isso que gosto de administrar microempresas: você mesmo precisa se envolver em todos os níveis do sistema como um proprietário-gerente. Por isso, procurei o que me pareceu ser a forma e o número certos, até porque, quando você faz discursos e apresentações, aprende a afinar tudo o máximo possível, e o velho ditado "*menos é mais*" soa verdadeiro.

Pensei imediatamente em círculos, porque é a forma que mais associamos à ideia de redes e conexão, ambas estão no cerne do meu trabalho. Os cinco anéis olímpicos são um dos desenhos gráficos mais memoráveis da história, imediatamente reconhecíveis, um sistema de entrelaçamento que tem tudo a ver com harmonia, força, cooperação, resistência. Tudo ótimo. Só que parecia errado. Círculos são um pouco ilimitados: não há fim para a circularidade, e sempre senti que precisamos de algo para *conter* o que fazemos e como o fazemos, não para expandir infinitamente.

Além disso, a ciência de rede sobre a qual comunico é menos sobre círculos infinitos e mais a respeito de arestas e fronteiras e onde as coisas se cruzam. Tudo está conectado, se espalha, ou não é contido por círculos, mas pelas fronteiras da Geometria. Por isso continuei procurando a minha forma ideal. Pelo meu interesse em produtividade e gestão, segui perguntando o que faz com que as pessoas no trabalho sejam eficazes e engajadas — ou não.

O que ajuda seu "fluxo" e o que atrapalha? Comecei a ler sobre o mundo natural e o que acontece nele, e fiquei atônita ao descobrir que insetos, em particular cupins, formigas e abelhas, exibem meios incrivelmente sofisticados de organizar, construir, cooperar e, em geral, fazer as coisas acontecerem. Recomendo muito o livro de Lisa Margonelli, *Underbug* (Subinseto), sobre o estudo dos cupins:

> Cupins que passam um ano construindo um monte de cerca de três metros de altura acabam por construir, em comparação com seu tamanho, o *Empire State Building*. Aqueles que constroem montes mais altos, com quase cinco metros de altura, acabam por construir o Burj Khalifa em Dubai — 830 metros e 163 andares de vertigem — sem arquiteto ou engenheiro.[7]

Mostre-me o mel

Ele podia ver o mel, podia sentir o cheiro do mel, mas não conseguia chegar ao mel.

O URSINHO PUFF, A. A. MILNE

Eu estava interessada no aspecto da construção, mas bastante desiludida pela própria criatura: cupins não são muito relatáveis para mim. Então encontrei as abelhas. Talvez seja o mel, que tanto atrai o *Ursinho Puff*; talvez seja o fato de serem as mais importantes polinizadoras de alimentos, e que em 2019 o Earthwatch Institute declarou as abelhas as espécies mais importantes da Terra.[8] O fato é que as abelhas nos fascinam cada vez mais, especialmente as melíferas. Acompanho um grande número de apicultores no Instagram, nos *blogs* e *podcasts* de abelhas, e tenho uma grande e crescente coleção de livros sobre abelhas, trivialidades sobre suas vidas e desenhos: esses insetos tornaram-se muito mais populares em nossa imaginação do que o gênio da engenharia estrutural, o cupim, e são, naturalmente, um pouco mais fofas e coloridas. Por isso, as abelhas me fisgaram. Tornei-me amiga da romancista Laline Paull, que escreveu uma das grandes histórias relatáveis das criaturas — *The Bees* (As abelhas).[9] Margaret Atwood adora (e você pode ver por quê: é uma espécie de *O conto da aia* com mel). A sociedade das abelhas retratada por Laline não é perfeita e na verdade tem intriga, drama, amor, violência e detalhes diários de como elas vivem como se estivessem em uma novela humana.

Na vida real, e de fato na ficção como *The Bees*, o favo de mel é central para a sua existência. É onde vivem e trabalham, armazenando larvas, pólen e mel. Originalmente, o favo de mel começa com bolas de cera: círculos. Mas então, por motivos que a ciência até pouco tempo estava lutando para entender, o alvéolo de cera endurece sob uma forma totalmente diferente: o hexágono.

Naquele momento, instintivamente soube que era o que eu estava procurando. O hexágono, rico em ângulos e lados, revelou-se importante para as abelhas, que, por sua vez, são muito importantes para nós. Acrescente-se a isso sua capacidade de se conectar e se cruzar e formar padrões, e porque ele apresenta esta simetria incomum: pode-se, por exemplo, ter meio hexágono, ou fazer um triângulo de três lados, tudo dentro de um hexágono. São os seus ângulos, as arestas que resultam incrivelmente fortes, práticas, úteis e naturais. Então, assim que soube que essa era a forma e o número que eu queria, comecei a olhar não só para o favo de mel, mas para outras coisas para me inspirar. Comecei a caçar hexágonos.

Como o número seis, o hexágono acaba por estar presente em um amontoado de cenários naturais capazes de nos inspirar. Eis aqui seis:

1 O planeta Saturno, sexto a partir do sol, apresenta um estranho padrão de nuvens conhecido como "*Hexágono de Saturno*", composto de átomos de carbono.[10] O carbono é um dos elementos mais vitais e abundantes, e embora sua própria forma não seja um hexágono, muitos elementos que ele forma são hexagonais.

2 Pegue o grafeno, que é superleve, flexível e cerca de duzentas vezes mais forte do que o aço, e que agora está sendo usado para revolucionar

a fabricação moderna. Ele é derivado do grafite, cuja forma da malha hexagonal é à base de carbono. (A propósito, o grafeno foi descoberto por cientistas que trabalham na Universidade de *Manchester*, cidade cujo símbolo é uma abelha-operária.)

3 Na colmeia, as células do favo de mel são projetadas para a máxima eficiência de espaço e fluxo de oxigênio — esta é a razão pela qual endurecem em hexágonos e não permanecem como círculos moles.

4 Em seguida, temos o floco de neve. Não existem dois flocos de neve iguais; são tão individuais quanto nós e, sim, todos construídos a partir de cristais hexagonais.

5 Do outro lado da natureza, do olho da libélula até às vastas colunas de basalto, como a Calçada dos Gigantes na Irlanda do Norte, o hexágono também é encontrado, moldando a paisagem, o mundo natural, e, consequentemente, nos moldando.

6 Como o número seis, uma vez que você começa a olhar, os hexágonos estão em toda parte.[11] Porcas e parafusos, literalmente parte dos blocos de construção na vida, têm muitas vezes a forma de hexágonos ao redor do buraco circular, para melhor aresta e aderência. Todo o design do futebol moderno tem uma mistura de vinte hexágonos e doze pentágonos que entre eles formam a bola aerodinâmica perfeita. E (juro que não estou inventando isso!) até mesmo o sexo tem agora ângulos hexagonais, graças a uma empresa sueca chamada *Lelo*, que lançou uma linha de preservativos chamada *Hex*, com uma estrutura hexagonal leve e resistente a rasgos... Acho que você entendeu!

O espaço eficiente, super-resistente, as propriedades de revestimento, a simplicidade e a simetria fazem do hexágono uma perfeita estrutura organizadora. Assim como o número de lados que possui: os seis perfeitos.

Garota-propaganda da simplicidade

Como já disse, enquanto o hexágono é o exemplo da simplicidade, a garota-propaganda é a abelha melífera. À primeira vista, não temos muito em comum com elas, muito menos em termos neurológicos do que, digamos, com chimpanzés ou mesmo golfinhos.[12] A abelha melífera é minúscula — nunca mais de quatro centímetros de comprimento (e essa é uma grande variedade) — e coberta de pelo listrado. Ah, e tem dois estômagos. Portanto, não é uma característica física comum. Mas espere.

A abelha é um "*inseto social*", o que significa que possui sistemas sofisticados de comunicação como nós, e as pesquisas vêm mostrando que o padrão de "*inteligência de enxame*" da abelha tem semelhanças com a atividade neuronal em nosso cérebro, especialmente quando se trata de buscar recompensa — como sair e buscar fontes de pólen.

As pesquisas também mostram que o processo de organização da sociedade na colmeia se parece com um processo democrático de tomada de decisão de algum tipo, com base na força, na capacidade e no papel das abelhas.[13] As abelhas melíferas conseguem fazer as coisas por terem papéis individuais muito fixos, mas também por atuarem em um sistema social altamente organizado ao lado de outros. Assim, ela é, como nós, conhecida na biologia como um superorganismo.

A própria produtividade resulta de esta ser uma espécie social. A civilização das abelhas melíferas é, como a nossa, evoluída, de modo que, em vez de sobreviver em um estado fixo (como uma tribo perdida), sobrevive se adaptando constantemente ao seu entorno.[14] Cada colônia de abelhas, que pode ser tão grande quanto, digamos, uma empresa multinacional ou do tamanho de uma pequena comunidade, com várias dezenas de milhares, deve desempenhar uma variedade de funções de forma coordenada e interligada.

Esse inseto de seis patas vive e trabalha no mesmo lugar, a colmeia, estruturada por aquelas células hexagonais que servem para tudo, de isolamento a armazenamento. Agora todos nós vivemos com um smartphone e internet, também moramos e trabalhamos no mesmo lugar, assim como as abelhas melíferas.

Essa é a teoria. E quanto à prática?

3

Do princípio à prática

Pense em seis

A Ação Hexagonal põe em prática o Princípio da Simplicidade. Lembre-se de que o próprio Princípio da Simplicidade se concentra em apenas seis palavras: *Mantenha simples, aprenda com a natureza*. Pense na Ação Hexagonal como uma estrutura de seis lados para organizar e priorizar o que você faz. Use-a para ajudá-lo(a) a concentrar-se no que é importante para você. A produtividade acontece quando nos conectamos no que queremos, com quem somos.

Ela também ocorre quando tiramos toda a confusão caótica e complexa do caminho. O hexágono é uma boa ferramenta visual, mas também está ali para lembrá-lo(a) de sua força: é uma das formas mais resistentes e fortes da natureza, e funciona especialmente bem quando está unida a outras.

Geometria simples

Uma maneira de aplicar a Ação Hexagonal é pensar em seis. Limitar o que você faz a qualquer momento a seis coisas ou a uma, duas e três coisas que se dividem nesse número matematicamente "*perfeito*". A melhor maneira de executar o *mantenha simples* é perguntar quanto menos você pode fazer, não quanto mais. Pense em quanto mais memória de trabalho você poderia liberar se o fizesse. Outra é pensar em forma, padrão e processo, de modo muito claro e geométrico. A Ação Hexagonal permite que você *aprenda com a natureza*, verificando quais são seus próprios recursos naturais e como utilizar melhor o que você tem, desde como conservar sua energia até como melhor florescer criativamente.

Use a Ação Hexagonal como um atalho em sua cabeça. Você está se mantendo simples? É capaz de fatiar e dividir suas tarefas e desafios, pensamentos e sentimentos para tomar medidas que lhe permitam fazer o que precisa? Escolhi focar seis lados da simplicidade para ajudá-lo(a). Seis lados que você precisa equilibrar, entre o fácil e o difícil, o simples e o complicado.

A Ação Hexagonal foi projetada para respeitar o caos imprevisível da vida, mas também para lhe permitir resistir a ele e ser proativo nas decisões necessárias para manter o controle e o foco. O mundo é grande e caótico, mas há um padrão, uma força e uma ordem. Confie em mim. Esses seis lados são seus átomos de carbono, os elementos vitais dos blocos de construção que o(a) manterão forte.

Seis mantras simples

Euclides de Alexandria baseou suas teorias geométricas em axiomas, breves afirmações que fazem sentido óbvio. Assim, em um aceno para Euclides, cada um dos lados da Ação Hexagonal é resumido em um axioma de seis palavras:

1 **CLAREZA**. O axioma da Clareza é que **"Ser claro como cristal traz simplicidade"**.

Não há nada pior do que desordem, confusão, que traz consigo demoras, mal-entendidos, desconfiança. Quando é transparente sobre algo, você compartilha sua Clareza. É um ato de generosidade para si mesmo e para os outros. Não ser claro, por outro lado, afeta muito o conhecimento e o fluxo de informações. Os seis elementos centrais da Clareza são *Decisão, Atenção, Propósito, Hábito, Limite* e o que chamo de *Manutenção doméstica* (*Housekeeping*). A forma hexagonal que mais me fala à Clareza é o átomo de carbono, um dos principais blocos de construção da vida orgânica, cuja estrutura molecular é uma forma hexagonal.

2 **INDIVIDUALIDADE.** O axioma de seis palavras de Individualidade é **"Humanos devem ter prioridade sobre máquinas".**

Temos que trabalhar de forma mais dura na era digital a fim de saber onde o humano para e a máquina começa, e isso traz grande ansiedade e confusão, mas também oportunidades. Os elementos de seis lados que nos ajudam a permanecer estáveis e sólidos em tempos difíceis e de mudança são *Identidade, Eu Digital, Neurodiversidade, Criatividade, Integridade* e um sentido aguçado de *Lugar.* A mascote hexagonal para este lado do hexágono da simplicidade é, claro, o floco de neve: literalmente, não há dois iguais.

3 **REINÍCIO.** Que axioma de seis palavras resume melhor esta receita vital de vida?
"A mente sempre ligada precisa descansar".

Sabemos muito sobre o sono hoje em dia, mas descansar e reiniciar não é bem a mesma coisa. Parte da epidemia de estresse que varre o mundo é devida diretamente à cultura do "sempre ligado(a)". As seis soluções que escolhi para destacar são: *Libertação, Mind-less-ness*, Curiosidade, Natureza, Respiração* e *Diversão.* Qual a forma hexagonal que mais invoca o Reinício? Bem, para mim tem que ser a colcha, aquela bela atividade artística e artesanal que põe a forma hexagonal no centro de seu padrão durante a maior parte do tempo.

4 **CONHECIMENTO.** A regra das seis palavras aqui é que **"Fugir da infobesidade deve vir primeiro".**

Chamo de Saúde Social a maneira como administramos nossas conexões e conectividade na era digital. Assim como aprendemos a administrar a saúde física e mental por meio de dieta e exercício, devemos agora entender que estamos no meio de uma epidemia de infobesidade digital, e isso traz uma gama de problemas de Saúde Social.
As seis receitas para vencer a infobesidade são: *Confiança*, *Sabedoria*, *Incógnitas conhecidas*, *Aprender*, *Curar* e *Lembrar*. Qual hexágono melhor transmite este axioma? Tem que ser o Hexágono de Saturno, o extraordinário e em grande parte inexplicável padrão de nuvens que rodeia o planeta Saturno, que está na sexta posição a partir do sol.

---

*Mind-less-ness, conceito que se opõe a "mindfulness" e sugere um estado de "desatenção", "não vigilância".

5 **REDES.** O axioma para este elemento vital é duro: **"Diversas redes importam mais que networking".**

Há muito a saber sobre como obter simplicidade concentrando-se apenas nesta área, pois as redes sustentam tudo na natureza e na tecnologia. Quanto mais entendemos, melhor podemos praticar a criação de redes próprias e ricas. O pacote de seis contém: *A hierarquia da comunicação*, *Superorganismo*, *Redes* e o Triplo S de *Capital social*, *Salões* e *Seis Sociais*. O que escolhi como o hexágono das redes? Tinha que ser o favo de mel. A abelha é uma espécie de garota-propaganda da simplicidade e da Ação Hexagonal. A rede de células em um favo de mel é sempre — e quero dizer sempre mesmo — feita de hexágonos. E a colmeia prospera devido a seu sistema celular hexagonal único.

6 **HORÁRIO.** Por mais que contemos e calculemos, não podemos esticar o tempo.
"Trate seu tempo como seu corpo".

Isso significa que o que você coloca em sua agenda é tão importante quanto o que come e bebe no que diz respeito à Saúde Social — o modo como administra a era conectada. Pesquisas mostram que agora passamos cerca de seis horas por dia on-line.[1] Como aprendemos a valorizar o tempo e a gastá-lo sabiamente, para controlá-lo e fazê-lo funcionar pelo Princípio da Simplicidade? As seis receitas relacionadas ao tempo em que me concentro são: *Prazo*, *Cronograma*, *Fusos horários*, *Interrupção*, *Relógios biológicos* e *Passado e presente*. A forma hexagonal para o tempo é a humilde bolha de sabão. O hexágono é amado na física porque sempre procura ser mais eficiente para o espaço.
Quando você sopra um monte desordenado de bolhas, elas também estão cumprindo a lei da física para serem tão estáveis e firmes quanto possível, e se tornam quase perfeitamente hexagonais. Penso nisso como uma metáfora de como buscamos ordem e eficiência em nossas vidas, apesar de também serem naturalmente desordenadas.[2]

PARTE DOIS

Lados da simplicidade

Os seis lados da simplicidade nas páginas seguintes são um modo de "fatiar com simplicidade", uma maneira de reduzir e cortar. Eles o(a) ajudarão a encontrar seu foco e a melhorar a produtividade, pois representam a essência dos valores que o(a) levarão adiante, independentemente de quão dura ou complicada seja uma situação. O fatiar da simplicidade é dar pequenos passos para chegar ao seu eu inteiro e melhor. É o que Arianna Huffington, fundadora da Thrive Global, chama de "micropassos".

Na cozinha há muito corte, fatia e redução. Quero que você "cozinhe" metaforicamente com esses seis elementos, pensando neles como seis receitas com seis ingredientes. Estou lhe dando um total de 36 ingredientes, que, como qualquer cozinheiro(a) de talento, você aprenderá a misturar e combinar de acordo com sua preferência e gosto. Ao final, há uma recapitulação: uma pequena lista de Seis lições de fixação.

4

Lado 1: Clareza

Ser claro como cristal traz simplicidade

Aos oito anos, eu tinha um único objetivo: ter um *jeans* Wrangler, que era a última moda. Pude ver claramente que a única maneira de obtê-lo era sendo supersimpática com minha mãe, e parece que me lembro de que essa estratégia funcionou. Era 1972, quando Johnny Nash fez um grande sucesso com a canção "*I Can See Clearly Now*" (Agora posso ver claramente). Tocava constantemente no rádio e ficou na minha mente desde então.

Johnny Nash cantou sobre ser capaz de ver "*todos os obstáculos no caminho*", atravessando as "*nuvens escuras*" da confusão. Algo sobre a mensagem dessa canção "água com açúcar" sempre me acompanhou, incluindo seu otimismo de que dali em diante vai ser ensolarado. Percebo que a melhor maneira de superar obstáculos é poder vê-los e enfrentá-los claramente e, por sua vez, ser cristalino(a) com os outros.

A clareza é um elemento-chave da simplicidade, o corte essencial. Sem ela você fica confuso(a), atrasado(a) e hesitante. Identifiquei seis elementos para a Clareza que podem nos ajudar a ter uma perspectiva mais clara, límpida, e ajudar nosso caminho para a simplicidade. Se você está no modo folhear, aqui estão os títulos:

1 **Decisão:** demora e indecisão criam complexidade desnecessária;

2 **Atenção:** a distração digital causa Saúde Social precária;

3 **Hábito:** padrão e previsibilidade desobstruem a escolha;

4 **Propósito:** a produtividade vem do propósito e do significado;

5 **Limites:** estabelecer limites é um corte vital;

6 ***Manutenção doméstica:*** descubra a alegria de arquivar e arrumar.

Decisão

Você não precisa de mais tempo, só precisa decidir.[1]

SETH GODIN

A árvore da decisão

Algo que acontece quando você não é claro(a) é, em geral, uma desordem. Com isso vem o estresse, a ansiedade e muitas vezes a incapacidade de decidir, graças a tantas opções de escolha.[2]

Quero me concentrar na indecisão, que é uma coisa importante para muitos de nós, e como ela pode nos deter em nossos caminhos. Estou pensando na demora enquanto alguém decide se nos dá ou não um emprego, ou como é difícil tomar uma decisão sobre isso. Como às vezes a decisão diária relativamente pequena do que priorizar pode se perder em um borrão e um nevoeiro de muitas opções, competindo demais por nossa atenção.

Embora tomemos inconscientemente toneladas de decisões por dia — diz-se que o cérebro médio toma diariamente 35 mil decisões[3] sobre tudo, desde para onde movemos nosso corpo até o que comer e fazer a cada momento —, um número surpreendente de pessoas que conheço sente que fica preso a decidir e evita tomar decisões, se for possível. As pessoas parecem, de algum modo, assustadas com a ideia de tomar decisões. Você é uma delas? Não seja.

A capacidade de decidir mais rapidamente e com mais firmeza é um sinal de clareza e, portanto, de força. Quando se decide algo, se é ativo, e não passivo. A capacidade de decidir é a diferença entre estar preso e se mudar para um novo lugar. Tomar decisões é um ato de Clareza, que abre caminho para que outras coisas aconteçam. Pense em uma decisão como o fruto de um arbusto, maduro e pronto para ser colhido.

O processo que leva a uma decisão é complexo e envolve muitas partes diferentes, como o clima, o solo e a força da colheita. Em outras palavras, muitas variáveis que podem estar além de seu controle (acho que a política de escritório é como o tempo, com algumas pessoas lhe dando duchas de água fria/quente o tempo todo, e assim por diante). Mas quando se trata de *colher* aquela fruta, chega um momento claro em que ela está pronta e tudo o que você precisa fazer é *decidir* colhê-la.

Separando a indecisão — as variáveis — da decisão, a ação precisa é um ato que reduz a complexidade à simplicidade. Uma decisão faz deixar de ser de outra pessoa a determinação de seu ambiente e o que acontece a seguir. Você está no comando. Você está à frente. Você é o ator principal.

Tirania da escolha

Isso não quer dizer que decidir seja fácil ou que deva ser feito rapidamente. Mas se você valoriza a Clareza, reconhecerá que tomar decisões é uma pedra angular para alcançá-la. Na psicologia, a incapacidade de tomar uma decisão é chamada de "*abulia*" (no sentido grego de "sem vontade") e está associada a emoções negativas, estresse e ansiedade. O neurocientista David Eagleman escreve em seu best-seller *O cérebro* sobre como fazemos muito planejamento mental de cenários antes de tomar uma decisão, tentando imaginar "futuros potenciais".[4]

Os profissionais de marketing quase sempre apresentam a escolha de mais produtos e opções como sendo melhor do que a de limitação. É por isso que os corredores de supermercados, canais de TV, marcas de cerveja e maquiagem estão sempre repletos de mais opções do que as que podemos utilizar. Tente buscar por Post-it na Amazon. O objetivo dos Post-its é simplificar sua jornada física da criação à redação de ideias: você não precisa largar o livro que está lendo, escreve sua nota nele e continua. Parece simples.

Entretanto, a Amazon apresenta mais de vinte páginas de opções para comprar não apenas marcas distintas, mas iterações diferentes de uma mesma marca. E para cada objeto, há algo com que todos nós estamos familiarizados na Amazon: "*mais opções de compra*". Portanto, enquanto você pode "*comprar com um clique*", deve tomar um conjunto bastante complicado de decisões antes de conseguir simplesmente fazê-lo.

Desgaste de decisão

As evidências mostram que realmente preferimos menos escolha, não mais (desculpe, profissionais de marketing). Um famoso estudo realizado em um supermercado da Califórnia descobriu que uma mesa que oferecia uma quantidade limitada de seis geleias provocava uma taxa de compra de trinta por cento em comparação com apenas três por cento da mesa oferecendo 24 opções. Portanto, a teoria de que gostamos de mais opções é rebaixada por uma realidade psicológica.

Há algo a ser dito para limitar a tomada de decisões se ela for excessiva. Barack Obama tornou famoso o conceito de "*desgaste de decisão*" quando admitiu que limitava as escolhas de ternos e camisas. Ele disse à *Vanity Fair* em 2012: "*Estou tentando reduzir as decisões. Não quero tomar decisões sobre o que estou comendo ou vestindo. Porque tenho muitas outras decisões a tomar*".[5]

Tomar decisões desgasta em outros contextos. Como quais canais de mídia social usar e percorrer, ou em qual sistema de documentos mergulhar e tentar arquivar, ou como começar a escolher por meio de notas de revisão ou um armário superlotado. O processo é o mesmo e é exaustivo, listando apenas a desordem interminável de objetos físicos e virtuais que temos em nossa vida atualmente.

Dado que a vida é muito, muito complexa, mas que os seres humanos querem limitar e conservar energia e escolha, isso poderia explicar por que tanto do "*populismo*" moderno na política é sobre pessoas respondendo a mensagens simples e não complexas. Tomemos o Brexit e a retirada de meu país, o Reino Unido, da União Europeia. A votação para sair em 2016 foi uma proposta simples: ficar ou ir, e a votação foi vencida em uma única e simples mensagem, "*Retomar o controle*".

Um político do lado perdedor disse depois: "*Não tínhamos clareza sobre a única coisa que as pessoas queriam ouvir*".[6] A simplicidade alcança as partes que a complexidade não consegue alcançar. Há muitas razões pelas quais evitamos tomar decisões, e há a preocupação com futuros potenciais, ou consequências que estão nitidamente entre elas. E se? Esse é um sino familiar na minha cabeça se eu não tiver certeza de qual passo dar. E se eu... falhar? Pareço ridículo? O tiro sai pela culatra? Todos esses cenários futuros poderiam ser verdadeiros, mas outra coisa também é: ficar no parapeito da indecisão pode acumular mais problemas do que resolver. O problema básico não desaparece, enquanto a imaginação corre solta — e ainda é preciso encontrar uma solução.

Então — alívio! Você toma a decisão, rapidamente seguida de ação, ou de um senso de determinação. Há algo seriamente libertador em tomar uma decisão — como aquele momento em que você salta da prancha na água, ou colhe aquela ameixa, e o mesmo é verdadeiro quando você reúne a coragem para decidir fazer algo, mesmo que seja difícil ou traga consigo a incerteza. Tomar uma decisão pode elucidar sua simplicidade, ao passo que não tomar muitas vezes aumenta a complexidade.

Sentando-se com uma decisão

Ao não tomar decisões, muitas vezes podemos perpetuar a complexidade. Se você está em uma posição de autoridade e liderança, uma demora pode enredar aqueles(as) que o rodeiam com trabalho e estresse extras. Isso não é justo nem produtivo. Falhar ao decidir em determinado ponto é como deixar o fruto maduro, duas coisas podem acontecer: ou outra pessoa irá apanhá-lo, ou ele vai apodrecer. Assim, ou um momento é desperdiçado ou... alguém mais poderia comer seu almoço. Isso significa que demorar muito para decidir é uma medida de quão claramente você está pensando.

O marketing on-line sabe disso, como todos que veem o relógio em um site de reservas de hotel sabem. Se você não tem certeza se aquele é o momento de tomar uma decisão rápida, reserve seis minutos: pare por seis minutos e apenas *sente-se com sua decisão*. Olhe bem para ela. Você precisa tomá-la? O que está lhe impedindo? Então, volte para a decisão em questão e... tome-a.

Parte do truque com a indecisão é microgerenciá-la. Em vez de pensar "*as consequências disso são enormes e de longo alcance*", o que realmente aumenta a aposta, tente olhar sob uma perspectiva menor e mais estreita: "*Quando eu decidir isso, algo em particular mudará e levará a outras mudanças, as quais eu posso responder e escolher agir com outras decisões*".

Em outras palavras, se tomar decisões faz você se sentir ansioso(a), reconheça isso e seja suave consigo mesmo, permitindo-se executar microações primeiro. Dê a si seis minutos, ou seis horas se for uma decisão relativamente pequena, e talvez seis dias, se for uma decisão mais longa.

Passe esse tempo realmente conectando-se com o que você sente, assim como com o que escolhe e depois... colha seus frutos. A tomada de decisão pode realmente ser bastante deliciosa!

Tendo destrinçado o valor da tomada de decisão, temos o primeiro lado do Hexágono da Clareza. Mas um dos maiores obstáculos à tomada de decisões é uma coisa com que lutamos cada vez mais nestes tempos de "*sempre ligado(a)*", e é por isso que precisamos olhar para ela em seguida: Atenção.

Atenção

O fenômeno do phubbing

Você já disse "*Aham/Huhum*" para alguém sem tirar os olhos de sua tela? Caso a sua resposta seja "sim", você já se envolveu em *phubbing*, o ato de esnobar (*snob*, em inglês) alguém enquanto usava o celular (*phone*, em inglês). Você pode muito bem ser uma das pessoas (eu sei que sou) que pega o smartphone oitenta vezes por dia, ou aproximadamente a cada doze minutos.

É com essa frequência que o *Ofcom*, o regulador britânico de telecomunicações, diz que o fazemos.[7] As pesquisas também mostram que nas economias desenvolvidas passamos quatro horas do dia nos smartphones: sim, é um sexto do total de horas em um dia e aproximadamente um quarto das horas nas quais provavelmente estaremos acordados.[8]

Antes de nos debatermos demais por isso, como se devêssemos magicamente ter mais força de vontade para ficar menos on-line, a verdade é que o smartphone é cada vez mais o meio como nos comunicamos, recebemos e damos informações, tornamo-nos contatáveis, sociáveis, trabalhamos. Esse complexo computador não é maior do que um guia de frases prontas de um idioma ou de um queijo de supermercado, o que nos faz dançar na pista de dança digital a maior parte do tempo.

E há um preço a pagar por isso. Um aspecto é o tempo — e abordarei isso mais adiante neste capítulo. Mas o outro é a própria atenção. Porque enquanto você pode ser perdoado(a) por achar que está prestando profunda atenção nestes tempos de dependência digital, de cabeça baixa sobre e-mails, notícias ou mídias sociais, perdido(a) em pensamentos e clicando infinitamente através de sua atenção, seu foco está sendo dividido como várias telas, e não de uma boa maneira.

A rolagem infinita

O(a) inteligente *web designer* da Microsoft que inventou a técnica conhecida como "*a rolagem infinita*" da atualização automática de páginas da web não sabia o monstro que ele ou ela desencadearia. Sabemos agora que os circuitos do cérebro humano não podem lidar com muita distração ou com a troca de foco. Torkel Klingberg, professor de neurociência cognitiva no Instituto Karolinska, na Suécia, escreveu em seu livro *The Overflowing Brain* (O cérebro transbordante) que nossos cérebros não têm "*capacidade ilimitada*" para prestar e processar atenção ao mesmo tempo.

Essa é a mesma conclusão alcançada nos anos 1950 por George Miller, de que o limite cognitivo de itens que podemos lembrar a qualquer momento é de cerca de sete (e essa foi uma das principais razões pelas quais me concentrei em seis como nosso número de trabalho).

O problema é que precisamos de atenção. Ela é o que simplifica o complexo, eliminando o que importa e o que não importa. A atenção é como priorizamos o que fazemos e em que ordem. É como usamos a tentativa e o erro para chegar a essa decisão importantíssima e executá-la. A atenção é o modo como absorvemos a informação. A desatenção leva, literalmente, a acidentes, erros. Em outras palavras, a distração é o resultado de demandas excessivas de nossa atenção.

O professor Clifford Nass, da Universidade Stanford, produziu algumas pesquisas famosas sobre atenção e multitarefas e declarou as pessoas como "*idiotas por irrelevância*", e isso pode soar duro, mas é verdade.[9] Nossa química cerebral está de fato ligada até certo ponto à distração, procurando o novo, buscando conexões sinápticas que são parte do que torna os seres humanos maravilhosamente, bem, humanos. No entanto, quando você acrescenta a sobreposição digital em nossa vida à nossa tendência natural de deixar a atenção vagar, ocorre uma supercomplicação maciça, que causa distração e, para fins de Clareza, drena nossa atenção.

Quando a atenção está presa no lugar errado, deslumbrada e desviada pela complexidade, todo tipo de consequência involuntária pode acontecer. Na rua, você pode ser aquela pessoa com fones de ouvido que quase foi atropelada por um carro por não estar atenta. No mundo em geral, outros problemas de atenção aparecem. Veja o colapso financeiro global de 2008.

No filme *A grande aposta*, com o governo dos Estados Unidos e as agências de crédito em *Wall Street* colidindo com o desastre financeiro, sugados pela complexidade dos próprios instrumentos que não conseguiam mais entender, um personagem, um incrédulo e operador financeiro, comenta: "*Ninguém está prestando atenção. É como dois mais dois é igual a peixe*". Quando não estamos prestando atenção, interpretamos mal as coisas. Quando a complexidade se normaliza de alguma maneira, e tudo o que fazemos é mais complicado do que o necessário, deixamos de prestar atenção. Fazemos suposições erradas. Achamos que dois mais dois é igual a peixe.

Vinte e três minutos e quinze segundos

Duas coisas acontecem quando nosso cérebro se distrai. A primeira é que ele se sobrecarrega rapidamente e, em termos práticos, ficamos lentos, nos atrasamos, perdemos tempo e atenção. Gloria Mark e colegas da Universidade da Califórnia descobriram que são necessários 23min15s para recuperar a atenção e o foco depois de nos distrairmos.[10] Assim, mesmo dois desses oitenta e-mails que mencionei anteriormente podem custar quase uma hora do seu tempo para voltar ao caminho certo!

O segundo problema de desatenção não é tão prático — distração tirando você do rumo —, mas emocional. O excesso de sobrecarga causa estresse e ansiedade. O sistema nervoso imensamente complexo responde ao estresse liberando cortisol,[11] e uma série de respostas físicas e mentais são desencadeadas em nosso cérebro junto com um aumento desse "*hormônio do estresse*", caso aconteça muita estimulação.

A superestimulação do córtex cerebral, a parte principal de nosso cérebro, que processa o raciocínio e a organização dos pensamentos e informações, pode desencadear ansiedade.

A sobrecarga sensorial está associada ao pânico, à sensação de sobrecarga, e desencadeia um desligamento mental, que pode ser de suave a extremo. Tudo isso nos afasta da Clareza e nos leva à confusão, distração, desatenção e sensação de angústia. Os efeitos não são diferentes daqueles em pessoas com transtornos como autismo ou TDAH (Transtorno do

Déficit de Atenção e Hiperatividade) — somente se tornam prevalentes em pessoas sem verdadeira predisposição genética permanente. Esses são fatores ambientais, e podemos fazer algo a respeito.

Você está me deixando ansioso(a)

O que quase duas décadas de mídia social tem feito é trazer à tona a conexão que desejamos, mas também o quanto podemos nos sentir isolados. Para cada pessoa que descobre pertencer a um grupo de interesse pessoal no Facebook que salva vidas emocionalmente, outra pessoa pode estar sofrendo *bullying* ou *trolling* (ato de insultar ou desestabilizar alguém nas mídias sociais), aumentando sua sensação de isolamento. Podem estar dando atenção às mídias sociais distraidamente, mas isso não lhes faz nenhum bem.

Esse quadro confuso vem de diferentes estudos acadêmicos que muitas vezes se contradizem. Por exemplo, um estudo sobre jovens nos Estados Unidos publicado no *American Journal of Preventive Medicine* mostrou que jovens adultos que ficam nas mídias sociais por mais de duas horas por dia tendem a se sentir duas vezes mais solitários, não duas vezes mais conectados.[12]

No entanto, um importante estudo realizado no Reino Unido pela Royal Society for Public Health apresentou um quadro muito mais misturado.[13] Eles listaram nove potenciais "*efeitos negativos*", mas treze "*positivos*". Entretanto, até mesmo suas pesquisas mostram que quatro em cada cinco jovens adultos dizem que, em geral, o uso das mídias sociais piora sua sensação de ansiedade.

Observar quanto tempo você gasta em mídias sociais é uma boa maneira de começar a avaliar os próprios níveis e como você pode estar ou não em equilíbrio. "*Estar ligado(a)*" pode significar qualquer coisa, desde participar de compartilhamentos e conversas puramente sociais até postar profissionalmente, seja em seu nome ou de outra pessoa. Mas pergunte-se: em vez disso, posso pegar o telefone? Quando foi a última vez que falei com alguém deste grupo? Estou me comunicando com amigos, estranhos ou com uma mistura complicada de todos eles?

Um pouco de perspectiva aqui. Nem todos se deixam abater até entrar em pânico. Nem todos sentem a distração como desconforto por qualquer meio. Muitas vezes não há nada melhor do que se perder em algo: um passeio na natureza, um bom livro, um jogo on-line, um box de alguma série. Mas a atenção e a distração desfeitas realmente importam se você tem que se concentrar para trabalhar. Pode ser trabalho escolar ou estudos de graduação, ou pode ser trabalho gerador de renda.

Todos estão trabalhando duro para se esquivarem da própria desatenção. As empresas gastam dinheiro para descobrir como captar nossa atenção, assim como os governos que querem "*incentivar*" nosso comportamento para a mudança, e muitas vezes esquecemos que, a menos que trabalhemos para manter nossa atenção, vamos perdê-la. Quando isso acontece, não perdemos apenas a atenção, mas também ganhamos estresse.

Não tenho dúvida de que há uma conexão direta entre o aumento do estresse e da complexidade técnica. A sobrecarga é a overdose da sociedade e traz menos clareza justamente quando precisamos mais dela. O que pode ser feito para minimizar o estresse e recuperar a atenção? Em primeiro lugar, reconhecer o valor do foco ininterrupto. Pense na atenção como um objeto que você pega e coloca no chão, não como algo invisível.

Pense naqueles 23min15s, quando você muda de uma atividade para outra (seja do carro para o fogão, ou do laptop para a reunião) e comece a planejar onde *coloca sua atenção*. Considere a atenção como algo que você escolhe usar, e tem uma quantidade finita, como qualquer *recurso*. Talvez a maneira mais importante de recuperar e refinar a atenção seja ver claramente — *com clareza* — e, para isso, você precisa adquirir novos Hábitos.

Hábito

A linguagem universal

O hábito parece diferente em muitos idiomas: *shuukan* em japonês; *la costumbre* em espanhol; *l'habitude* em francês; *xiguàn* em mandarim; *die Gewohnheit* em alemão e *aead* em árabe, para citar apenas seis idiomas. Mas significa o mesmo em todas as línguas: algo que se torna um costume, que é praticado e está intimamente associado à rotina.

Cultivar hábitos é fundamental à simplicidade, porque reduz a escolha, introduz padrões e, portanto, diminui a necessidade de muitas decisões (mesmo que eu tenha mostrado a vocês que tomar decisões pode ser menos difícil do que pensam) e muitas distrações. Assim, o hábito complementa a Clareza. Faz sentido: se cada dia é uma folha em branco, isso pode parecer excitante e livre de burocracia irritante ou restrições, mas é muito difícil manter a motivação.

Todas as evidências mostram que ter alguma forma de rotina ou hábito é fundamental a uma boa saúde mental.[14] Um hábito não é o mesmo que um *hobby*, mesmo que você possa gostar dele. Um *hobby* é algo que você faz para se desligar, para passar o tempo livre, para se entregar a um interesse. Um hábito está mais ligado à autopreservação e à condição física geral: algo que você faz porque sabe que é uma porta de entrada para uma mente clara, trazendo consigo todos os benefícios de uma abordagem simples e desobstruída.

Pessoalmente, não acho que cultivar um hábito precise ser algo completamente rígido. Algumas pessoas dirão que é vital ir para a cama e se levantar no mesmo horário, por exemplo, ou que, se você medita, tem que ter exatamente a mesma rotina. Sou um pouco inquieta por natureza para isso e procuro tornar meus hábitos um pouco mais elásticos. No entanto, desde que comecei a explorar os benefícios da simplicidade sobre a complexidade, percebi definitivamente como é importante ter hábitos, e a diferença que faz se eu não os tiver.

O hábito de 66 dias

Um dos melhores livros de autoajuda já escritos (e certamente um dos mais vendidos) é *Os sete hábitos das pessoas altamente eficazes*, de Stephen R. Covey.[15] Ele diz que o hábito é uma mistura de *conhecimento* (o que fazer, por que fazer), *habilidades* (como fazer) e *desejo* (querer fazer). Seja o que for, adquirir um novo hábito ou mudar um antigo não é algo instantâneo. Isso demanda tempo e prática. Na verdade, pesquisas recentes no Reino Unido mostraram que leva 66 dias para desaprender completamente um hábito e começar outro.[16] Você pode pensar que é um tempo muito longo — certamente é mais longo que rolar infinitamente a tela quando se está no metrô ou em uma reunião —, mas o ganho, se você conseguir obtê-lo, é considerável.

Alguns de nós estabelecemos hábitos mais facilmente, mas muitos de nós "*caímos em*" hábitos. De repente, percebemos que, para o bem ou para o mal, fizemos de algo parte regular de nossa rotina. O eminente filósofo social Charles Handy tinha o hábito de caminhar em um parque local por quarenta minutos a cada manhã, para esticar as pernas, limpar a mente e se preparar para o dia.

Tornou-se uma rotina tão fixa que a única coisa que a quebrou foi um derrame que sofreu aos oitenta anos de idade. Charles sendo Charles, uma pessoa cheia de hábitos, mas também com o atributo que veremos a seguir, Propósito, simplesmente decidiu mudar os hábitos para se adaptar ao seu status mais doméstico.

Sentado em sua casa em Putney, no sudoeste de Londres, com o sol correndo pela janela, Charles me disse que seu novo hábito era ter mais de uma "*caminhada mental*" — recuperar parte de sua função cognitiva danificada em coisas como a memória. Ele adaptou seus hábitos de acordo com as circunstâncias. Muito prático, e não tão difícil quando você se dedicar a isso.

A boa notícia é que o cérebro está cheio de "*plasticidade*" e, em vez de ser fixado desde o nascimento com muito pouco a ser feito, aprende constantemente, desaprende e forma novos hábitos, se você permitir. A decisão pode ajudá-lo(a) a estabelecer um novo hábito e substituir os antigos. A beleza de um novo hábito é um claro marcador de mudança, e uma partida do velho para algo, em alguma parte, novo. Dizem que "*velhos hábitos morrem duramente*", mas lembre-se: dominar novos hábitos faz você se sentir nascendo de novo.

Tecnosábado

As pessoas agora estão familiarizadas com a ideia de um sábado digital, mas chamo o meu de "*tecnosábado*", porque começa às seis da tarde de uma sexta-feira, quando venho off-line, tendo limpado minha caixa de entrada, e me conecto apenas com minha família e minha vida off-line. Este é um ritual e um hábito que construí, e sempre que deslizo e o interrompo, fico ansiosa e me sinto privada de um tipo de segurança psicológica.

Meu cérebro não está ligado para estar permanentemente disparando ao olhar para uma tela, nem minha psique. Embora eu não seja religiosa, aprendi a apreciar algum tipo de ritual de observância regular, com base em torno da família, de uma refeição, de alguma rotina. É preciso prática, e se você parar, pode precisar de 66 dias para voltar ao hábito, mas acho que vale muito a pena.

O caminho da força de vontade

Uma palavra sobre força de vontade. Qualquer pessoa que tenha feito uma dieta ou lutado para criar um novo hábito com constante tentação sabe que chega um ponto no qual a força de vontade desmorona. Indústrias inteiras surgiram tentando tornar as dietas mais apetitosas e fáceis de seguir, e ainda assim... é surpreendentemente fácil deslizar, e emocionalmente devastador quando se trata deste ou mesmo de qualquer outro tipo de comportamento viciante.

O que está dando errado? Será que aqueles sem força de vontade são preguiçosos ou fracos? Bem, afinal de contas, não. A verdade é que a força de vontade é, em certa medida, real ou imaginária, experimentada como finita, como uma bateria ou outra forma de energia.

Em um famoso experimento realizado em 1998 envolvendo chocolates e raízes de todos os tipos, o psicólogo Roy Baumeister afirmou que se você pedir constantemente às pessoas para ignorar seu anseio ou desejo, mais cedo ou mais tarde elas ficarão sem força de vontade, assim como um carro fica sem gasolina.[17] Essa pesquisa foi atualizada pela psicóloga Carol Dweck, de Stanford, que mostrou que talvez seja mais o nosso imaginado senso de força de vontade que nos faz acreditar que ele está se esgotando.[18] De qualquer modo, a força de vontade exerce uma poderosa influência, e acredito em usá-la para mudar a forma como nos comportamos.

Esses estudos revolucionaram a maneira como pensamos sobre como limitar a tentação e mudar o comportamento, e são ecoados por Richard H. Thaler, o fundador e especialista em mudança de comportamento da "*teoria do nudge*", e sua experiência da "*tigela de castanhas-de-caju*" na Chicago Booth University.[19] Adivinhe. Se você não quiser ficar beliscando e desejar preservar a força de vontade, afaste a tigela de castanhas-de-caju! Esses exercícios ilustram algo sobre a força de vontade, mas também esclarecem o valor da simplicidade. Ninguém está sugerindo que passe por uma sessão de terapia para descobrir *por que* quer as castanhas. Se *decidiu* não as ter, essa técnica simples faz o truque: leva em conta a neurociência que agora conhecemos sobre a força de vontade e minimiza o recuo.

A conexão entre a força de vontade e o hábito é importante. Se você quiser começar a fazer algo, pode formar um novo hábito em parte minimizando a força de vontade necessária para começar. Faça o exercício: descobri que o simples fato de ter sempre um *kit* de ginástica embalado transformou a frequência com que fui à academia.

O mesmo aconteceu quando eu queria experimentar alguns alongamentos de ioga e um simples treino de força em casa: criei um cantinho com um tapete e alguns pesos para que eu não tivesse mais que caçar para localizar tudo, um dreno seguro em minha força de vontade. As intermináveis lutas internas sobre a ideia de qualquer um deles foram eliminadas, porque sempre foi dado um passo muito prático: *kit* embalado, *kit* de canto pronto. Isso faz uma enorme diferença. A diferença entre nunca ter tempo e torná-lo um hábito.

Alguém que entende isso muito bem é o escritor e radialista Tim Ferriss. Seu best-seller *As quatro horas para o corpo* foi uma inspiração para centenas de milhares de iôiôs ao redor do mundo (incluindo eu) ao apontar que, se você criar cortes na complexidade da escolha em torno do alimento que come e estreitar suas decisões em um hábito de seis dias com um sétimo dia de "*trapaça*", sua vida alimentar será muito mais simples.[20] Ele está certo.

A formação de um novo hábito pode envolver a redução de distrações — portanto, desligando notificações, ou guardando o smartphone por determinados períodos, por exemplo. Certamente menos é mais quando se trata de simplicidade e clareza, daí os limites de Tim Ferriss para um período fixo de tempo (ele aborda o problema da força de vontade fazendo-o(a) exercê-la apenas por seis dias: dietas normais são infinitas e sobrecarregam sua capacidade de "*permanecer forte*" diante daquele bufê ou daquela barra de chocolate).

Estabelecendo padrões

A neuroplasticidade e nossa capacidade de formar novos hábitos é obviamente mental: afinal, ocorre em nossas mentes. As tentações da cesta de pão não são mais "*reais*" do que a atração digital de clicar na sua mídia social quando deveria estar fazendo outra coisa, ninguém está forçando você. Mas a tentação parece real porque está acontecendo em sua cabeça, em suas emoções e porque você criou hábitos que se fixam muito rápido. Para mudá-los, você tem que ajustar seu pensamento.

Ação Hexagonal é uma boa maneira de tirar o estresse da formação de novos hábitos para substituir e sobrepor os hábitos antigos. Não adianta punir-se sentindo-se mal com os comportamentos e instintos que você tem. É muito mais produtivo olhar positivamente *para novos hábitos*. Quanto mais você puder reciclar sua mente para acolher os novos hábitos, sua Clareza, sua decisão e como você está prestando atenção à criação de novas maneiras de ser, menos complicada e mais simples se tornará sua tarefa.

Recapitulemos o princípio fundamental de que a simplicidade reina sobre a complexidade, e que sem ela somos puxados sob as ondas de confusão e emaranhados demais nos fios. Quando lidamos com as coisas com simplicidade, cortamos os laços da distração e favorecemos o foco e a Clareza. Fazemos mais em tempo limitado. Mas por que se preocupar? Esta não é uma questão profundamente filosófica, mas sim uma questão prática. Qual é o objetivo? Responder a isso é destacar nosso quarto aspecto da Clareza: Propósito.

Propósito

O que nos faz levantar de manhã?

O substantivo "propósito" significa, de acordo com o dicionário, "*a razão pela qual algo é feito ou criado ou pela qual algo existe*". Isso é um "*algo*" enorme, não concorda? Em outras palavras, se você tem um Propósito, as chances são de que tenha algo que o(a) faça se levantar pela manhã. O Propósito é em si mesmo uma forma de Clareza. O *swing* otimista na música de Johnny Nash, "*I Can See Clearly Now*" ("Agora eu posso ver claramente") é muito propositado. Há movimento e ímpeto para o Propósito, algo de vanguarda e significativo.

Propósito é uma palavra que associo a uma série de coisas positivas. Volto novamente ao dicionário, que me diz que é "*a razão pela qual algo é feito, criado ou existe; um desenho fixo, resultado ou ideia que é objeto de uma ação ou outro esforço*". Logo, uma pessoa *tem um* Propósito. A pergunta é: você tem? Se a resposta for "sim", significa que você provavelmente terá mais Clareza, e, portanto, mais capacidade de atravessar o complexo e ir direto ao ponto? Creio que a resposta é outra positiva: sim. Eis o motivo.

Ter propósito não é vegetar no sofá ou ficar inerte diante de uma pilha de coisas à espera de inspiração: não que ambas as atividades e estados estejam errados (na verdade, acho que há um tempo e um lugar, como veremos quando olharmos para o aspecto do Reinício). Se temos Propósito, ele imediatamente invoca outra palavra: energia.

Vejamos Rachael. Ela tem quarenta e poucos anos e é mãe solteira de jovens gêmeas que vivem em acomodações administradas pelo Estado em uma parte degradada de Londres. Um dia, ela percebeu que um grupo de adolescentes desocupados da "*propriedade*" estava se agrupando à noite no corredor, bem do lado de fora das janelas de suas filhas, e conversando alto. A fumaça da maconha que fumavam flutuava pelas janelas e portas.

Rachael estava ciente de que o problema desses meninos é que não tinham ocupação e se tornavam cada vez mais problemáticos, mas de repente ela viu as coisas claramente. Ela tinha que agir. Esse era o seu Propósito. Ela faria isso com Clareza. Tinha que redirecionar os garotos não apenas a um local físico diferente, mas a um *mindset* diferente.

Embora esse problema social seja imensamente complexo — políticos, cientistas sociais, psicólogos e uma gama de especialistas debatem constantemente a melhor maneira de resolver problemas estagnados como este —, Rachael o manteve simples. Identificou centros comunitários locais e fontes de financiamento e reuniu os dois. Foi fácil? Não. Ela alguma vez se preocupou com o que estava fazendo? Sim. Ela continuou? Com certeza. Desta forma surgiu a London Village Network, uma das organizações de base de maior sucesso na capital, que agora é reconhecida como pioneira da mudança.

Rachael tinha um Propósito e o mantinha simples e claro. Ao fazer isso, também deu à sua vida um significado que não havia percebido, porque um amigo dela havia estado nessa gangue anos antes, e havia se metido em sérios problemas. Esse amigo acabou na prisão e, após anos de negligência e abusos, morreu depois da libertação. Portanto, o Propósito de Rachael era pessoal. Foi personificado não apenas em seu desejo por suas filhas, mas por aqueles garotos, em memória de seu amigo perdido.

Construindo propósito

Você tem Propósito, seja em sua vida pessoal ou profissional? Há algo que importa muito e você quer fazê-lo da maneira mais clara e simples possível? O que você está fazendo tem algum objetivo? Vale o seu tempo, a sua energia, as suas habilidades? Não tenha medo de olhar de modo claro para isso, porque na verdade não é tão complexo assim. Você pode não ter muita escolha, já que cumpre em uma tarefa monótona para continuar levando renda para a sua família, ou sente o peso da expectativa dos outros, mas a realidade será mais clara e simples do que você pensa quando olhá-la em termos de Propósito.

O mundo corporativo do trabalho começou a se agarrar à ideia de Propósito e a dar a ele um status de tema de diretoria, o que significa que, no mundo dos negócios, ele *aterrissou*. Para os líderes empresariais, Propósito significa mais do que lucro, significa uma razão para produzir bens e serviços que beneficiem as pessoas e o planeta. Em outras palavras, é um objetivo elevado e bastante moderno, trazido em parte pela pressão do consumidor e pela mudança cultural: ser um negócio que apenas constrói arranha-céus e faz dinheiro já não parece ser propósito suficiente para as pessoas, como mostram todas as pesquisas sobre o que os Millennials e a Geração Z querem do local de trabalho.

As empresas compreenderam que os consumidores gostam da ideia de Propósito para os produtos e que precisam abraçar a sustentabilidade. É uma equação bastante simples: manter os clientes (e fazer a coisa certa) — provavelmente nessa ordem, se formos honestos. Você só precisa olhar a maneira como até a Coca-Cola, a maior marca do mundo, seguiu para gerenciar o problema do plástico, reduzindo pela metade a quantidade usada em seus produtos. Cada vez mais, ter Propósito também afeta o resultado final da produção. Ter Propósito mantém você em um caminho claro e pode levá-lo(a) a níveis enormes de produtividade.

Colocando o Propósito em prática

Vejamos Maggie O'Kane. Quando ela era uma jornalista, ganhou muitos prêmios: Jornalista Britânica do Ano; Correspondente Estrangeira do Ano; Correspondente Internacional do Ano da Anistia; Jornalista Europeia do

Ano; e Jornalista Humanitária do Ano da Cruz Vermelha Irlandesa. Ela escrevia para o *Guardian*, um dos maiores jornais do mundo.

Durante uma reportagem, ela se deparou com um crime horrendo contra meninas, que acontece com uma criança do sexo feminino a cada onze segundos em algum lugar do mundo: a mutilação genital feminina, ou MGF. O ponto sobre esta prática é que em muitas culturas e países há uma crença equivocada de que ela é necessária por razões religiosas, quando não é. Maggie noticiou extensivamente sobre a MGF e iniciou uma campanha no jornal: A Campanha Global de Mídia para acabar com a MGF.

Depois de trinta anos de carreira no jornalismo, decidiu dedicar a vida a trabalhar em tempo integral na causa e estendeu o projeto para ser uma instituição beneficente com um objetivo simples: alcançar o maior número de pessoas na África para dizer-lhes que a MGF não é necessária e mostrar como impedi-la. Até agora, mais de oitocentos milhões de pessoas na África receberam essa mensagem.

A maneira pela qual a Campanha Global de Mídia opera está de acordo com as linhas da Ação Hexagonal. Há três prioridades: *i*) treinam ativistas, líderes religiosos e jornalistas em toda a África para usar a mídia para acabar com a MGF; *ii*) a instituição beneficente os apoia para transmitir a mensagem diretamente às próprias comunidades, em suas próprias palavras; *iii*) identificam e levam os líderes religiosos e políticos mais influentes ao rádio, à TV e às mídias sociais para pedir o fim da cultura de mutilar meninas.

Quando conheci Maggie e lhe disse que eu estava escrevendo sobre simplicidade em um mundo complexo, ela acenou com entusiasmo e me disse:

> É incrivelmente simples parar a MGF. Descobrimos que os políticos e as estruturas de organizações beneficentes/não governamentais eram frequentemente burocráticos e complicados, e mais focados em relatórios para os doadores do que em ações no terreno. Quando olhamos para o que é necessário, não é mais do que as três coisas que fazemos. Nunca treinamos mais do que um punhado de pessoas de cada vez, sempre identificamos menos de seis figuras influentes na comunidade que podem ter impacto, e simplesmente seguimos em frente.

Os líderes religiosos e políticos estão todos surpresos com o impacto, e seus testemunhos apresentam a eficácia do Princípio da Simplicidade em ação. Imam Traore, presidente da Rede Islâmica e Populacional do Mali, disse:

"Conseguiram em nove meses mais do que nós conseguimos em 25 anos", enquanto o dr. Tobe Levin, associado do Centro Hutchins de Pesquisa Afro-Americana da *Universidade Harvard*, disse que *"o trabalho da Campanha Global de Mídia é a campanha mais eficaz contra a MGF que eu já vi em mais de quarenta anos "*.

O quebra-cabeça de produtividade

Mas e a própria palavra P: Produtividade? Não se pode falar de Propósito pessoal ou profissional sem ela. Tentamos entender o fato de que nenhuma quantidade de tecnologia ou gestão avançada parece melhorar o nível geral de produtividade em todo o mundo, o que sugere que existem problemas não identificados impedindo-a. Os economistas chamam isso de *"o quebra-cabeça da produtividade"*.

Quem não gosta da ideia de medir a produção das pessoas no trabalho, especialmente em ambientes de trabalho manual, argumenta que ela reduz os trabalhadores ao tipo de operários que atuaram nas primeiras fábricas industriais na época do chamado "*taylorismo*".

Isso foi nos anos 1880 e 1890, quando as máquinas começaram a substituir os humanos, cujas próprias tarefas deixavam de ser baseadas em habilidades para ser baseadas em máquinas repetitivas. Muitos argumentam que o mesmo está acontecendo hoje, com a automação e a robótica destruindo empregos, enquanto outros dizem o contrário: que os funcionários terão mais trabalho envolvente e produtivo a fazer porque os robôs farão todas as coisas chatas.

A produtividade está definitivamente ligada ao Propósito, assim como o estresse no local de trabalho está ligado ao gerenciamento tóxico. Por que você estaria engajado, entusiasmado, produtivo, se não tem fé no que está fazendo, ou em para quem está fazendo? Acho que um aspecto fundamental do Princípio da Simplicidade é *mantê-lo real* e invocá-lo. A produtividade é muitas vezes um problema porque o Propósito deixou de ser claro.

Vale dizer que há um valor tanto nas tarefas repetitivas quanto nas criativas, mas que nem todos os trabalhos são as duas coisas. Não há nada de errado em querer um emprego no qual você apenas entra e sai, em vez de ter um papel mais intelectualmente desafiador, mas isso não significa que você abandone o valor de base de que todo emprego deve ser pago com justiça e todo trabalhador humano deve ser tratado com transparência, honestidade e prática de emprego/contratação de apoio.

Há uma conexão entre o "*local de trabalho tóxico*", o estresse que ameaça engolir o mundo do trabalho e seus lucros e a falta de Propósito. Mais uma vez, não acho que isso seja complicado. Locais de trabalho insalubres criam problemas de saúde. E a honestidade do empregador e o sentimento genuíno por sua força de trabalho são muito mais propensos a serem recompensados com lealdade e produtividade.

As empresas que cuidam dos funcionários e contratados se saem notavelmente bem. Não parecem ter nada parecido com o "*quebra-cabeças de produtividade*" de outras. Tomemos a Kronos, a empresa de gestão de software de capital humano sediada em Massachusetts, Estados Unidos, mas que tem seis mil funcionários em todo o mundo, da Índia à Austrália. O CEO, Aron Ain, descreve-se como um "*Não Líder*" e criou um sistema altamente inovador para permitir que os trabalhadores estabeleçam as próprias férias e limites.

A Kronos não apenas cresce ano após ano, mas está sempre no topo de qualquer lista, como no site *Glassdoor*, para ótimos lugares para se trabalhar.[21] Aron Ain me disse algo interessante. Quando iam inaugurar na Índia, que fica várias horas atrás da América do Norte, mudaram o dia de trabalho para acomodar o tempo real dos trabalhadores de ambos os lados, em vez de forçar os indianos a ficarem acordados no meio da noite.

A Kronos ilustrou outra coisa sobre Propósito que leva ao próximo lado do hexágono da Clareza: ter limites. Mesmo em uma indústria de alto crescimento, eles entendem o valor dos Limites.

Limites

A diferença entre pessoas bem-sucedidas e pessoas realmente bem-sucedidas é que as pessoas realmente bem-sucedidas dizem não a quase tudo.

WARREN BUFFET

Como dizer não

Dizem que perdão é a palavra mais difícil, mas não tenho certeza se concordo. Acho que, frequentemente, é dizer "*não*". Sabemos como é difícil ouvi-lo porque a sociedade está orientada fundamentalmente para o Sim: você pode ter tudo, fazer tudo, ser um sucesso, comprar o que quer, conseguir qualquer coisa. Sim! Sim!

É claro que acredito no poder de dizer sim e de pensar o que você pode fazer e ter Clareza, Propósito e paixão. Mas lembre-se de como nossa atenção é finita (23min15s, mais ou menos, é o que é preciso para voltar a atenção *de novo* após mudar de atividade). Lembre-se também do quanto o próprio tempo é finito: o número total de horas no dia é vinte e quatro e o fato é que passamos um terço desse tempo dormindo. Portanto, precisamos dizer não e ter limites, gostemos ou não.

Ter limites é o que fazem pessoas que dominam a simplicidade do sucesso. Pessoas como Warren Buffet, uma das pessoas mais ricas do mundo e o mais inteligente dos investidores. Sua empresa Berkshire Hathaway se mantém simples, empregando cerca de duas dúzias de funcionários (embora o número nas empresas em que ele investe seja mais próximo de quatrocentos mil). Ele vive de modo simples, gasta pouco e segue um mantra que prega que dizer não é muito mais poderoso do que dizer sim.

O significado do minimalismo

Warren Buffet e outros são fãs de limitar o que assumem e para o que dizem sim. Seus limites são consistentes com a simplicidade e a Clareza: é uma espécie de minimalismo. Warren Buffet também é um grande fã da regra 80/20, também conhecida como *Lei de Pareto*, que sustenta que vinte por cento de seu esforço resultará em oitenta por cento de seus resultados.

Em outras palavras, minimizar o esforço que você gasta em coisas que não farão grande diferença e concentrar-se na pequena quantidade que realmente fará a diferença é uma solução simples e eficiente.

O guru do design do MIT, John Maeda, também defende essa ideia sobre o minimalismo, afirmando em seu livro *As leis da simplicidade* que "*redução cuidadosa*" é uma boa estratégia, uma forma elegante de dizer "*menos é mais*". Ele diz: "*Quando em dúvida, remova. Mas tenha cuidado com o que remove*".[22]

No meu caso, quando vi a simplicidade como uma solução para a sobrecarga e a complexidade da minha vida e dos meus negócios, comecei a estabelecer limites em torno de tudo, desde quem eu via até o que fazia. Note que digo que *estabeleço* limites e não que retirei coisas. Eu não estava fazendo uma dieta de exclusão, mas sim estreitando o foco para o que eu dizia sim, para o que eu priorizava. Na prática, significava que reorganizava meu tempo, tendo a certeza de desligar os dispositivos eletrônicos em determinados momentos, e de delimitar o tipo de reunião que tinha e quando aconteceria.

Fiquei bastante perplexa com os resultados. Desde o momento em que comecei essa mudança até ter melhores limites e me concentrar em fazer menos, descobri que minha produtividade aumentou, minha saúde mental e física melhorou, e minha família e amigos me viram mais, e não menos. Agora, é verdade que não sou tão rica quanto Warren Buffet... mas isso se deve ao seu simples gênio!

Mas vale a pena canalizar seu Warren Buffet interior sobre a questão de melhores limites. Decida retirar seis coisas de sua agenda agora mesmo que, se você for honesto(a), pode prescindir: uma reunião que pode delegar a outros; um período de tempo melhor gasto pensando e lendo em vez de estar soterrado em e-mails. Depois use os outros elementos da Clareza para aguçar os sentidos; preste muita atenção ao que está sentindo, qual é seu senso de Propósito, veja se tem alguns maus hábitos que atrapalham seu lado "*sim*" do cartão de pontuação; e faça um pequeno exercício de emagrecimento.

A propósito, Warren Buffet também ruma para o minimalismo: não tem um smartphone e limita o que come a cada dia. Desse modo, está aplicando quase todos os princípios da Clareza em tudo o que faz — e, com isso, o Princípio da Simplicidade.

Meça-os

Uma boa maneira de manter o controle dos limites é medi-los. Eu era um pouco relaxada demais com a medição, pensando que fosse para os loucos por controle. Nunca me pesava, ou contava passos, ou registrava o que realmente fazia nas horas do dia.

Descobri que uma coisa prosperou quando fiz isso: a arte de desperdiçar tempo e de perder a atenção e o propósito. Tornei-me uma convertida a algum tipo de medida, embora ainda não esteja convencida de que você precise de medidas extravagantes (como dispositivos controlados por aplicativos para registrar sua caminhada). Na verdade, tornei fã de usar a medição como um modo de ter escolha, decisão, intenção, Propósito e de me ajudar a decidir que hábitos formar e quais são minhas prioridades claras.

Comecei a abraçar a medição como uma linha de fronteira significativa, não diferente de saber manter-me no lado certo da estrada. Mas lembre-se de que o objetivo da medição é proporcionar clareza e não desovar a complexidade. Sou altamente crítica em relação ao sistema de avaliação "360 graus" da cultura corporativa, por exemplo.

É aqui que todos são encorajados a dar sua opinião pessoal sobre todos os outros para obter um feedback franco, que é então alimentado em algum tipo de algoritmo humano e eletrônico para decidir sobre promoções e aumentos salariais. Eu sei: muitos gerentes de recursos humanos me odiarão por dizer isso, mas é verdade. Além do convite para ser excessivamente crítico e para acertar contas que esse tipo de sistema encoraja, também cria uma complexidade que é totalmente "*extra*".

Um sistema muito mais simples é estabelecer claramente o que é exigido das pessoas em uma equipe ou uma empresa, para dar-lhes a gestão, a liderança, os incentivos e a estrutura correta, e deixá-las continuar fazendo seu trabalho.

Portanto, por favor: medir com certeza, mas mantenha claro e simples. Não exagere! Os governos tendem a ser bons em medir porque têm que prestar contas da forma como o dinheiro público é gasto. Graças ao novo entendimento da psicologia e à ascensão da "*economia comportamental*", são capazes de usar novas táticas e medir as respostas.

No Chile, o governo decidiu tornar as contas de eletricidade mais claras e simples depois de receber trinta mil reclamações relacionadas a 34 fornecedores de eletricidade diferentes. Ao realizar um conjunto detalhado de *microajustes* em sua política, as novas contas foram alteradas para serem muito mais simples e, como resultado, conseguiram mais de cinquenta por cento de confiança dos consumidores em sua compreensão, quase o dobro do nível de compreensão em relação às anteriores.[23]

Como é o sucesso?

Aprendi a melhor maneira de medir o sucesso quando era uma jovem assessora de uma pequena editora de livros. Tinha um histórico muito bom em colocar artigos na imprensa, me dei bem com os autores e dei o salto passando de funcionária interna para proprietária da minha própria agência de imprensa com um único contrato da minha antiga chefe, uma força vital lendária de uma editora australiana e escritora chamada Carmen Callil.

Isso significava que eu estava sendo paga com orçamentos específicos para livros específicos, e meus clientes realmente queriam saber qual seria o retorno sobre o investimento (*ROI*, na sigla em inglês). É mais fácil dizer do que fazer com imprensa quando, muitas vezes, o tempo e a mão de obra entram em cena, sem qualquer controle sobre o resultado, ao contrário do que acontece com publicidade, em que pelo menos você pode comprá-la.

Lembro-me de uma reunião impressionantemente assustadora com a chefe de uma editora. Nellie Flexner era uma americana superesperta e pragmática que tinha uma brilhante trajetória em suas campanhas. Terceirizar livros para assessores externos era algo que raramente fazia, mas, nessa ocasião, era a autobiografia do gerente esportivo mais famoso da Grã-Bretanha na época, o técnico do time de futebol inglês Terry Venables.

Ele era contratualmente obrigado a fazer certos eventos publicitários, o que significava que a editora estava sob pressão para alinhar algumas fortes oportunidades de mídia e mantê-lo, junto com seu agente, feliz e atento. Então, quando ela pediu para me ver antes de me dar o contrato, sabia que estava falando sério. "*Tenho apenas uma simples pergunta para você*", disse Nellie, encarando-me com seu olhar amigável, mas intenso. "*Como é o sucesso*?" Ela estava me pedindo para nomear qual era a medida — eram polegadas de coluna (isto era pré-internet) ou era o *tipo de tomada*?

Acabamos tendo uma discussão realmente interessante sobre estratégia e saí da reunião determinada a ganhar seu investimento e sua aprovação. A medida, afinal, era uma combinação de lidar com a mídia e o autor e seu agente, o que acabou se tornando bastante complicado. Fazer a mim mesma a simples pergunta "*Como é o sucesso?*" tornou-se uma das minhas formas de obter Clareza se estiver me afogando em muita complexidade.

Resta apenas um último lado da Clareza e o papel que ela pode desempenhar para trazer simplicidade à sua vida. É algo que é ao mesmo tempo uma postura e uma ação. Ela permanece próxima de onde você vive, muito próxima. Por este motivo, chamo-lhe *Manutenção doméstica.*

Manutenção doméstica

Deve haver um lugar para tudo, e tudo em seu lugar.

MRS. BEETON'S BOOK OF HOUSEHOLD MANAGEMENT
(O LIVRO DE GOVERNANÇA DOMÉSTICA DA SRA. BEETON)

Receita para o sucesso

Há 150 anos, quando ainda vivíamos sem eletricidade, carros, aviões, e as nuvens eram do tipo que você vê no céu e não se relacionavam com computadores (que ainda não haviam sido inventados), uma inglesa escrevia conselhos muito modernos e atualizados sobre como cozinhar, limpar e manter a ordem em sua casa.

Isabella Mary Beeton escreveu sobre receitas, assuntos domésticos e um conjunto de valores sobre como viver, primeiro em fascículos na *The Englishwoman's Domestic Magazine* e depois em forma de livro. Foi um best-seller instantâneo, vendendo sessenta mil exemplares em um ano e mais de um milhão em uma década.

Foi chamado de *The Mrs Beeton's Book of Household Management* (o livro de governança doméstica da sra. Beeton) e, desde então, tem estabelecido uma referência para escritores de culinária e gurus de estilo de vida.

A sra. Beeton foi a versão do século XIX de Marie Kondo, a autora e apresentadora de TV japonesa cujo livro *A mágica da arrumação* já vendeu mais de três milhões de cópias em todo o mundo. Ambas têm mensagens simples e diretas que se concentram em manter a Clareza, a limpeza e a ordem onde ela mais importa: na sua casa.

Não há dúvida de que se você tem um sistema e uma simplicidade em sua casa, pode levar isso ao mundo. Não é um clamor de mobilização para combinar o minimalismo em todos os lugares, ou para fazer com que cada casa pareça um quarto de hotel (embora a tendência dos hotéis atualmente seja tentar se parecer com lares). Mas é para dizer que se você não puder ter clareza sobre a que lugares as coisas pertencem e onde encontrá-las, se tudo estiver confuso e bagunçado, é provável que o transbordamento saia pela porta da frente.

Na verdade, não me refiro apenas à casa e ao lugar onde você vive quando falo de *manutenção doméstica*, até porque muitos de nós trabalhamos e vivemos nos mesmos lugares, ou uma mistura de lugares. Com o declínio do emprego em tempo integral e do escritório como um lugar onde você passa sua carreira ou mesmo a maior parte de sua semana de trabalho, a evidência é de que até oitenta por cento de nós estaremos fazendo nossa própria sorte como freelancers na gigantesca economia até 2030. *Manutenção doméstica* é um estado de espírito e uma estratégia, tanto quanto um local.[24] A prioridade é perceber o que torna a "*situação*" desordenada e como deixá-la clara.

O guru que primeiro me interessou por esse tipo de atitude foi o autor David Allen, cujo livro *A arte de fazer acontecer* está permanentemente ao meu alcance na estante.[25] O que David Allen, Isabella Beeton e Marie Kondo têm em comum é que veem a Clareza como esclarecedora, e a simplicidade como libertadora. Assim como eu.

Desordem

Nos Estados Unidos, há mais de cinquenta mil instalações de autoarmazenamento, cobrindo cerca de 370 mil hectares de espaço. A Europa tem quase 93 hectares de espaço de armazenamento, com a média de arrendamento ocupando cerca de 370 metros quadrados, enquanto a maior empresa de autoarmazenamento de *Cingapura, Storhub*, foi vendida a investidores por um valor de 180 milhões de dólares. A armazenagem é um mercado em crescimento.[26,27] O maior crescimento em autoarmazenamento não é o empresarial, se é que há algo que reduz a dimensão, dando laptops aos funcionários e mantendo dados na nuvem, mas o de armazenamento pessoal. O que as pessoas armazenam? Desordem. Excessos. Coisas. Coisas a que se agarram quando precisam soltar.

James Wallman escreveu um livro brilhante, *Stuffocation* (Sufocamento), sobre como estamos consumindo cada vez mais coisas às custas das memórias e experiências, e ele está certo.[28] Mais coisas é uma forma de complexidade. Há um velho ditado, "*fora da vista, fora da mente*", e, infelizmente, é verdade. Você pode dizer honestamente que sabe o que está no sótão, debaixo da cama, ou em sua instalação de armazenamento?

Uma coisa é tentar organizar e ordenar o armazenamento: pelo menos é uma tentativa de limitar a sobrecarga de sua linha de visão e espaço. Mas não é suficiente se você quiser Clareza de pensamento, Propósito, decisão, atenção e novos hábitos. Mais uma vez, a química cerebral prova esse ponto.

Em nosso cérebro, logo atrás de nossa testa, há uma área chamada córtex pré-frontal dorsolateral, que controla tanto a tomada de decisões quanto as emoções. Pesquisas feitas pelo Centro de Pesquisa Aplicada em Tomada de Decisões mostram que é como um disjuntor: sobrecarrega-se com muito estímulo, muitos pedidos para tomar decisões, e nós o desligamos.[29] Essa é uma resposta simples e direta à complexidade: nosso cérebro simplesmente se desliga. Pense no que significa na prática: todas aquelas coisas *importantes* que podemos ignorar, porque nossa cabeça está tão repleta das coisas erradas!

Muitos de nós nos preocupamos com Alzheimer e demência e causas bioquímicas da perda de memória, mas o estresse, a ansiedade e a sobrecarga também são causas de sintomas semelhantes, que são chamados de "*pseudodemência*" pelos psiquiatras. A boa notícia é que a desobstrução pode realmente liberar o espaço na cabeça, bem como o espaço do cérebro, e indiscutivelmente reverter alguns desses sintomas.

Alguém que também está interessado em organização, comportamento e gestão da complexidade moderna é o autor Derek Draper. Ele é psicólogo, consultor empresarial de grande sucesso e autor de um ótimo livro chamado *Create Space* (Criando espaço). Fui conversar com ele em sua espaçosa casa em Londres, que compartilha com a esposa, a apresentadora de TV e locutora Kate Garroway.

Fui em uma quarta-feira, que é o dia da semana estabelecido para Derek pensar, escrever e ficar longe da desordem de um deslocamento ou de reuniões. (*Muito sensato.*) Derek me mostrou um minúsculo galpão, nem mesmo grande o suficiente para uma cama, no qual mantém uma cadeira baixa e um pôster na parede inclinada do teto. "*Este ambiente é essencial para mim por duas razões*", disse-me Derek. "*Em primeiro lugar, separo o pensar do fazer, então, este não é meu escritório, que está empilhado de papéis e um computador. E, em segundo lugar, este é um espaço do qual minha esposa, que se sente muito confortável com o caos, a desordem e as roupas, está banida.*"

Sua governanta interna

Levei anos para perceber que um pedaço particular dos conselhos de David Allen soa verdadeiro em minha cabeça quase todos os dias. É isso:

> A maioria das pessoas se sente melhor com seu trabalho na semana anterior às férias, mas não é por causa das férias em si. O que você faz na última semana antes de partir para uma grande viagem? Você limpa, fecha, esclarece e renegocia todos os seus acordos com você e com os outros. Apenas sugiro que faça isso semanalmente em vez de anualmente.

É claro! A clareza é contínua, não apenas para as férias. Se eu conseguir cumprir esta regra, definitivamente consigo mais e me sinto menos sobrecarregado. Sinto-me mais leve e com mais propósito. É mero senso comum, afinal.

Há algo mais que David Allen defende, que é que você precisa ter um lugar para tudo, para que possa sempre encontrá-lo. Este conselho também é tão simples quanto eficaz. Não posso recomendar um investimento muito alto em gavetas, arquivos ou pastas ou apenas pilhas que você dedica a uma coisa: documentos de eletrodomésticos, ou contratos, ou informações médicas, em vez de espalhá-los por toda parte.

Porque não fazer isso, e espalhar as coisas de forma caótica ou aleatória, cria desordem, não Clareza. Não só pode ser aterrador encontrar algo em uma emergência quando você não sabe por onde começar, mas simboliza algo mais profundo: se não consegue manter bem a casa, o que mais é muito confuso em sua vida?

Quando estou trabalhando, se me abandono a qualquer coisa que voe para a caixa de entrada, se estou à mercê de um horário feito por outra pessoa, ou se tenho muito o que fazer dadas as horas do dia, estou tudo, menos relaxado, e, talvez, mais importante, fico extremamente improdutivo. Minha cabeça se enche com a complexidade e pula de tarefa em tarefa. Fico distraído, agitado, cansado. Tendo a tomar café e, depois, também fico ligado.

Se me faltam Clareza, foco e Propósito e não tenho a "*casa*" interna em ordem, é o caos. Pessoas que admiro muito quando vejo trabalhar são camareiras e faxineiras de hotel. As margens no negócio hoteleiro podem ser apertadas e a *manutenção doméstica* leva tempo. As boas cadeias de hotéis têm isso como uma arte, sabendo exatamente quanto tempo leva para colocar uma capa de cama ou limpar um banheiro de determinado tamanho.

O que você percebe se observar a camareira do hotel em ação pelo canto do olho é que se baseia em fazer uma coisa de cada vez, em uma ordem particular: monotarefa. Ação Hexagonal não é fazer seis coisas ao mesmo tempo, mesmo que você trabalhe em um padrão e em uma sequência.

Eu gostaria que aplicássemos mais a lógica da *manutenção doméstica* ao que fazemos. Deveríamos também tomar nota das pesquisas que saem da Universidade Stanford de que o multitarefa é nada menos que um mito, na verdade.[30] Isso mostra que, quando tentamos fazer mais de uma coisa de uma vez, isso tem um impacto imediato e negativo em nossa memória.

Quando você adota o Princípio da Simplicidade, sua própria mente se esvazia. Quando mantém sua mente e seu ambiente arrumados — tanto literal quanto metaforicamente, porque você também tem um *sistema*, tudo se desobstruirá. Você se sentirá melhor até mesmo com as circunstâncias mais difíceis que são, naturalmente, individuais para você.

SEIS LIÇÕES

CLAREZA

1 **Evitar o desgaste das decisões.** Mantenha poucas tomadas de decisão, execute-as usando a Ação Hexagonal para realmente tomar suas decisões;

2 **Preste atenção!** Quanto mais você rolar a tela, mais perde aqueles 23min15s que leva para recuperar sua atenção. Evite a rolagem infinita;

3 **Tenha um tecnosábado.** Encontre um momento em que você se torne físico, e não digital, e faça desse dia ou mesmo parte de um dia seu "*tecnosábado*". Veja todos os seus rituais e abrace o hábito, mesmo que comece um para quebrar outro;

4 **Crie um quebra-cabeça de sua produtividade.** Você está sendo produtivo? Se não, por que não? O Propósito pode ser a chave?

5 **Basta dizer não.** Escolha para o que você diz sim e não tenha medo de dizer não. Os limites são bons!

6 **Cultivar uma mente arrumada.** Desobstrua o ambiente, mesmo que isso signifique reorganizar a bagunça que você gosta: mas fique claro qual é o seu processo para encontrar algo quando precisar dele.

5

Lado 2: Individualidade

Humanos devem ter prioridade sobre máquinas

Simplicidade é a tônica de toda verdadeira elegância.

COCO CHANEL

A individualidade se destaca. É bastante singular, separada do resto. Líderes carismáticos têm Individualidade. Os edifícios marcantes têm: é o que os torna marcantes em primeiro lugar. As empresas que suportam o teste do tempo porque se adaptam, mas permanecem distintas da concorrência, têm (ainda não sabemos a receita *exata* da Coca-Cola, não é mesmo?). A individualidade tem uma simplicidade: ela se destaca e se afasta.

A individualidade também tem uma qualidade atemporal. A casa de moda *Chanel*, que se destaca pela elegância, estilo, simplicidade, existe desde 1909. Ser uma empresa privada há mais de cem anos é notável. Estar no ramo da moda por esse período de tempo é bastante impressionante. A simplicidade corre como um fio por meio da individualidade.

É um erro pensar que você precisa trabalhar muito a Individualidade. Se muito, as pessoas trabalham duro demais e tornam o trabalho muito mais complicado do que precisa ser. Acho que você só precisa notá-lo e alimentá-lo, o que requer muito menos energia e mística. Alguns dos grandes indivíduos de nosso tempo podem ter trabalhado incrivelmente para ter sucesso, mas sua Individualidade foi algo que aceitaram como um dado adquirido.

David Bowie se esforçava para ser diferente, ou era singular em primeiro lugar? Que tal o romancista japonês Haruki Murakami? Seu trabalho foi traduzido para cinquenta idiomas, vendendo milhões em todo o mundo. Eu adoro sua prosa condensada, seus personagens peculiares. Não há ninguém que escreva como ele. Sua voz é distinta, mesmo na tradução.

E a pioneira campeã olímpica feminina Derartu Tulu? Essa corredora de longa distância tornou-se a primeira africana negra a ganhar uma medalha de ouro olímpica, nos Jogos de Barcelona, em 1992. Derartu tinha um talento bruto, uma força de vontade e uma capacidade únicas. Como é que uma jovem garota de uma sociedade masculina na Etiópia rural superou seus colegas masculinos e, sem treinamento ou dinheiro, se tornou uma estrela nacional e internacional?

Seja como for, o talento das estrelas não pode ser feito pela inteligência artificial. Nossa individualidade é o que nos mantém a salvo da ascensão dos robôs, mesmo que, como veremos mais adiante neste capítulo, o poder dos humanos trabalhando *com* máquinas possa ser uma solução simples e poderosa para alguns problemas. Quanto mais nos conectarmos à nossa Individualidade, formos *pessoas* simples, sem um computador à vista, melhor.

Mesmo que tenhamos um talento mais discreto que o das superestrelas, isso não importa ou nos torna menos individuais. Com muita frequência nos desviamos do rumo em lugares complicados que não queremos estar — o trabalho errado, o relacionamento errado, a situação errada — quando nos desconectamos desse fato. Confiar em nossa individualidade e construir sobre ela é ao mesmo tempo simples e poderoso.

Neste capítulo, há um hexágono para ajudá-lo(a) a se conectar com o que nos faz a todos conectar com nossa melhor versão. Pense nas seis ideias como raios dentro de uma roda que você pode girar e parar quando quiser. Elas podem ser tomadas juntas ou separadamente:

1 **Identidade:** saber quem é você é poderosamente eficaz;
2 **O eu digital:** estar on-line e off-line para a Saúde Social;
3 **Neurodiversidade:** reconhecer o talento dentro de todos nós;
4 **Criatividade:** a maneira de deixar a Individualidade prosperar;
5 **Integridade:** como manter honesto e verdadeiro;
6 **Lugar:** localização, localização, localização é a chave.

Identidade

Não sou um pássaro; e nenhuma rede me ludibriou: sou um ser humano livre com uma vontade independente.

CHARLOTTE BRONTË, *JANE EYRE*

O floco de neve humano

Aqui está um hexágono para você: o floco de neve. Você talvez não saiba que há, literalmente, infinitas variedades dessa mistura suave e agitada de cristais de gelo que sempre se formam em estruturas hexagonais.

O que exatamente são flocos de neve? Por que cada um deles é único? De acordo com a Administração Nacional Oceânica e Atmosférica dos Estados Unidos, é porque:

> Todos eles seguem caminhos ligeiramente diferentes do céu ao solo — e assim encontram condições atmosféricas ligeiramente diferentes ao longo do caminho. Portanto, todos tendem a parecer únicos, lembrando tudo, desde prismas e agulhas ao familiar padrão rendado.[1]

Os humanos são tão infinitos quanto os flocos de neve. De fato, todos nós seguimos caminhos ligeiramente diferentes, encontrando nossas próprias "*condições atmosféricas diferentes*" ao longo do caminho. Não sei se me identificaria como uma "*pessoa prisma*", mas sei que, quando descrevo alguém como sendo pontiagudo ou delicado, poderia descrever alguém, não um floco de neve.

Falamos da *Geração Floco de Neve* (*Snowflake*, em inglês), que se tornou a abreviatura para a geração Millennial e a Geração Z, que se ofendem com a mínima coisa, mas a verdade é que todos nós somos de certo modo a Geração Floco de Neve, e não de uma forma ruim: porque somos tão individuais e diversos quanto a coisa real.

Lembre-se de que não acho que você possa eliminar a complexidade, só porque está visando à simplicidade. Não há algo muito mais complexo do que a personalidade combinada com as circunstâncias. Estamos muito distantes de nossa individualidade peculiar e das de outros, e temos que nos curvar e mergulhar constantemente, uma tarefa complexa. No entanto, como nos comportamos pode ser racionalizado e simplificado, pois entendemos mais sobre nós mesmos e sobre nossas escolhas.

Mas vamos de volta à própria Individualidade por um momento, em toda sua infinita glória. O esporte é uma boa maneira de entender como fora de um grupo, com toda a sua diversidade, surge um vencedor único, simples e destacado. Há sempre algo mágico em uma cerimônia de abertura dos Jogos Olímpicos: cada equipe desfila pelo estádio fazendo algo idêntico de uma maneira e totalmente individual em outra.

Todos ostentam bandeiras nacionais, e todos se mantêm fiéis à coreografia que aprenderam, que é mais para as câmeras de TV do que para qualquer outra coisa. Mas todos parecem diferentes. Vestem-se de maneira diferente. Comportam-se de maneira diferente. E, quando participam das disputas, é sua diferença, não sua similaridade, que lhes permite se destacar e vencer. Meu esporte olímpico preferido é a ginástica.

Porque, mesmo que os ginastas façam parte de uma equipe, você os observa como indivíduos. A maior ginasta deste século é a americana Simone Biles, que supera todo tipo de recorde ou mesmo de movimento com sua originalidade e seu talento. Observar Simone Biles se movimentar é quase como ver um objeto flutuante em vez de uma pessoa. Mas, é claro, ela é como nós de muitas maneiras, apenas com talento sobre-humano e níveis de dedicação para aprimorar suas habilidades. A identidade de Simone Biles é singular e ao mesmo tempo coletiva. Sabemos que está em um pedestal e ainda assim podemos reivindicá-la como uma de nós em termos com os quais também podemos nos identificar — como uma mulher, uma americana, uma afro-americana, um membro de nossa família humana.

O eu combinado

Quanto mais descobrimos sobre personalidade e identidade, mais percebemos que ela é menos fixa e mais dissolvida (como um floco de neve) entre diferentes modos, praticamente o tempo todo. O ilustre professor de psicologia Brian Little descobriu que todos nós temos "*Características Livres*",[2] o que significa que mesmo que você seja, digamos, um introvertido, pode de fato optar por fazer algo extrovertido se tiver a motivação certa.[3]

Nossas personalidades individuais giram e mudam. São móveis. Tínhamos funções muito mais estáticas e fixas na vida, pois tendíamos a permanecer em um só lugar, vivendo em uma comunidade. Hoje, mais do que nunca, estamos em movimento, tanto em relação a nosso emprego quanto a nossa vida. Agora podemos esperar viver até cem anos, e mudar de emprego pelo menos tantas vezes quanto um hexágono tem lados. Como nossos papéis mudaram, e a ideia de um local de trabalho, também mudou a identidade de quem somos como uma pessoa com uma vida profissional e uma vida doméstica. Chamo esta nova identidade de "*O eu combinado*".

Cunhei essa frase em meu livro *Sempre conectados: saúde social em uma era de sobrecarga* para identificar a pessoa cuja vida não é estritamente pessoal ("*mãe dona de casa*") nem profissional ("*funcionário de escritório*"), mas cada vez mais uma névoa, uma combinação de ambos. Podemos nos aposentar de um emprego e ter uma série de atividades paralelas em outros. Podemos trabalhar flexivelmente fora do escritório em um país, nos mudar para outro lugar e levar nosso trabalho conosco, virtualmente. Nossa vida não é mais fixa, nem são os lugares para os quais levamos essa vida. Ela não tem mais a simplicidade da monotarefa, mas a complexidade de multitarefas. No entanto, podem ter o Princípio da Simplicidade aplicado a elas, para nos manter no caminho certo, com base em nosso Eu combinado individual.

Reconhecer seu Eu combinado não precisa ser complicado: pode ser visto como uma série de identidades simples que se sobrepõem. Há um filme maravilhoso feito no início dos anos 1980 chamado *Momento inesquecível*, sobre um executivo de uma companhia petrolífera americana enviado a uma remota aldeia escocesa para tentar comprar a terra nos arredores, apenas para se apaixonar pela comunidade.

Como em tudo, esta é uma história sobre nossos papéis na vida e como nunca são corrigidos, como o executivo mandachuva que percebe que tem as prioridades erradas. Mas também lança luz sobre os múltiplos papéis que os indivíduos têm que desempenhar em comunidades unidas. Há uma cena brilhante quando o americano se vê sendo servido de uma bebida, por trás do balcão do *pub*, pelo contador com quem o figurão está negociando. Ele dá de ombros para o americano surpreso, e continua puxando a caneca de qualquer maneira. *Momento inesquecível* é, naturalmente, um filme que homenageia os tempos mais simples.

O eu digital

Roubo de identidade

Um tempo chamado “mais simples” (embora cada época pareça diabolicamente complicada em comparação com a anterior) foi o pré-internet. Não que queiramos ficar sem ela, mas sejamos honestos, é tudo, de sugar o tempo até que se torne ilimitado. Em termos práticos, uma das coisas mais complexas que enfrentamos diariamente é o constante zigue-zague entre o tempo real humano, situações do mundo real e tudo o que precisamos fazer on-line. É tão normal que todos cruzem a pista de dança digital muitas vezes no dia a dia que não pensamos sobre isso.

O Eu Digital é quase como uma nova espécie que precisa ser estudada para ser mais bem compreendida. Quem é esta pessoa? Na verdade, é plural: o usuário médio das mídias sociais (bem mais da metade das pessoas no planeta usa as mídias sociais) não tem apenas um “*cabo*” com o qual faz login, mas vários.

Mais do que isso, nos tempos da internet simples, há menos de uma geração humana, talvez você só tivesse o Facebook. Eu me lembro de usar o Facebook pela primeira vez e era bastante simples. Não tinha *feeds* de notícias, não tinha grupos, não tinha botões de “like”, só posts, e procurava pessoas para convidá-las a serem amigas. Mas, quase imediatamente, as coisas se complicaram. Os *Big Data* interpuseram-se, os algoritmos ficaram ocupados, o viés ficou pesado e, antes que você percebesse, simplesmente agrupar seus amigos on-line ficou complicado. Eu estava na Califórnia em uma conferência no Facebook quando ele fez quinze anos, e percebi que naquele tempo o número de contas de mídia social que a pessoa média tinha dobrava a cada dois anos. Agora ultrapassa a Ação Hexagonal e está no limite cognitivo de sete. São sete contas diferentes de mídia social para uma única pessoa. Não é nada simples.

Depois, há o tempo que tudo isso leva. Já vimos que verificamos nossos smartphones até oitenta vezes ao dia.[4] Isto inclui ficar on-line para verificar e-mails ou pegar um documento, participar de um bate-papo em grupo, fazer algumas compras on-line, jogar ou qualquer uma de pelo menos dez atividades distintas que todos nós podemos fazer agora se estivermos em algum lugar perto de um dispositivo conectado (que é pelo menos quatro vezes demais para os pensadores do Hexágono).

De acordo com a pesquisa da Digital Data World, estamos na internet por mais de um terço de todo o tempo acordados em nossas vidas. Ou, adivinhe, pensadores Hexágono: seis horas por dia.[5] O que quer que façamos digitalmente envolve alguma forma de identidade. Na verdade, a causa número um de fraudes para os negócios globais é o roubo de identidade.[6] Mas não se trata apenas de criminosos brincando com quem somos on-line. Somos nós, roubando a nós mesmos para sermos outra pessoa, on-line.

Tudo isso pode muito facilmente embotar seu senso de identidade e roubar sua individualidade tão importante. Torna-se fácil fundir mentalmente quem você é e como se valoriza com a forma como os outros o veem através dessa sua quase identidade on-line: filtrada pelo seu dispositivo, seu Instagram ou Twitter, seu nome de bate-papo em grupo, seus seguidores, as curtidas, os comentários e compartilhamentos de seus posts.

Exaustão da decisão

Escrevi anteriormente sobre a ansiedade relacionada à internet. Não é apenas a pressão para manter as aparências e dar a impressão de ser feliz e bem-sucedido, embora isso esteja claramente tendo um grande impacto, especialmente nos adolescentes vulneráveis. Tem havido um aumento significativo nos casos de suicídio entre as jovens em particular desde o advento da mídia social, e uma grande quantidade de pesquisas mostrando que aquelas pessoas predispostas à depressão provavelmente terão sua autoimagem negativa reforçada, não corrigida, pelo uso excessivo das mídias sociais.[7]

Não, é mais do que isso. É a infinita complexidade da escolha. Lembra-se do desgaste da decisão e da escolha de Barack Obama de limitar as roupas a um grupo determinado, para eliminar a escolha estressante e sugadora de tempo? A mídia social leva este problema a um nível totalmente novo. É mais como a exaustão da decisão. Qual canal? Que comentário? A quem seguir? Como responder? O que postar?

Não sou um dos pessimistas que acreditam que a mídia social nos corrompe ou nos faz cometer suicídio — acho que há muitos fatores complexos e tentar ser simples por si só corre o risco de ser simplista, o que, eu já disse antes, que não é a mesma coisa. Mas isso não significa que ser você mesmo on-line é de fato o mesmo que ser você mesmo off-line e em pessoa. Isso é como dizer que uma pessoa sob a influência de álcool ou drogas é a mesma coisa.

A experiência exagera ou altera a personalidade. Os pesquisadores analisaram os *trolls* nas mídias sociais no Reddit, em uma nova experiência em torno do que se chama justiça restaurativa — colocar os perpetradores diretamente em contato com suas vítimas. Em um caso, uma reação foi esta: "*Droga, esse não era o contexto que eu lembro*", ele digita em um ponto, depois de olhar os posts de *bullying* passados. Pensei que o instigador era outra pessoa e me senti um bandido ou algo assim. Mas... parece que eu era o instigador".[8]

Comutação liga/desliga

Tem que haver uma maneira clara de limitar nosso "eu" digital sendo confundido com nosso "eu" completo, e uma das respostas deve ser limitar nosso uso da mídia on-line quando queremos comunicar algo. Isso significa, simplesmente, ficar off-line de modo intencional. Não acho que seja diferente de colocar o computador para dormir, ou até mesmo de colocar-se para dormir: às vezes é preciso *desligar.*

Nós nos tornamos tão viciados em tecnologia que imaginamos que é normal viciar, mas não comemos, bebemos ou fazemos algo com tanto exagero sem esperar consequências. O problema de estar conectado a um dispositivo digital quando você se comunica é maior do que estar on-line para outros fins. Não se trata realmente da tela, mas da *presença da* tela. Curiosamente, o e-mail é, de certo modo, o menor infrator, embora receba grande parte da má fama. Embora haja claramente um problema com uma cultura na qual enviamos e-mails a alguém que está sentado ao lado (altamente normal, senão ridículo!) ou apenas enviamos por e-mail (*se alguém ainda usa "Responder a todos"*, por favor, coloque-os em um armário até que se resolvam: isso desorganiza a caixa de entrada de todos os outros e *não* está absolutamente dentro do espírito do Princípio da Simplicidade!), o verdadeiro culpado não é a plataforma de comunicação em si.

Não, o problema não é e-mail versus WhatsApp, ou Slack versus Messenger. A questão é o quão real você é quando se comunica, se você se leva à troca, quando o risco é que a identidade eletrônica seja uma barreira, uma separação que impede que uma conexão real ocorra. Se isto está acontecendo, você sabe que não vai tornar o resultado simples ou direto, mas confuso. Na verdade, se fizesse questão de se levantar mais seis vezes por dia e caminhar para falar com alguém e lhe dizer o que queria, ou pegar o telefone dele, você quase certamente teria seis vezes menos confusão ou "*erro*" como resultado. Experimente. Você sabe que faz sentido.

Neurodiversidade

S é para sensíveis

A fim de tentar fixar a personalidade, os psicólogos classificaram cinco tipos de personalidades diferentes, denominados OCEAN (na sigla em inglês): Open (Abertura), Consciousness (conscientização), Extroversion (Extroversão), Agreeableness (Agradabilidade), Neuroticism (Neuroticismo).[9] Acrescentarei um sexto, em prol da Ação Hexagonal: suscetibilidade (*Snowflakery*, em inglês). Deixe que ela represente a Individualidade e a combinação entre todos os outros aspectos da personalidade. Que também represente a Neurodiversidade e a forma relativamente nova de descrever tanto a "*neurologia*" quanto a "diversidade". Mas começarei primeiro com um aspecto óbvio da suscetibilidade, tornado famoso pela Geração Floco de Neve: Sensibilidade.

Não há absolutamente nada de errado em ser sensível quando isso significa estar conectado a seus sentimentos. Muitas vezes, um sinal de depressão profunda e estresse é uma sensação de estar dessensibilizado e desconectado. É uma forma de autoproteção mal orientada: tentar *não* ser sensível, porque é muito doloroso. Ser a favor da sensibilidade não é um argumento a favor da "*consciência*" politicamente correta, algo que a Geração Floco de Neve é levada a defender. Sabe, ofender-se com tudo e sentir-se provocado(a) por coisas que as gerações mais velhas simplesmente chamam de vida. Não, estou falando de um significado diferente de "*sensível*", que está sintonizado de modo consciente com o que está acontecendo e como isso afeta sua personalidade central. Não é fundamentado na política ou na crença sobre o mundo, e sim em uma coisa simples: você diante dessa situação.

Ser sensível ao seu floco de neve interno e privado é uma técnica de sobrevivência essencial e depende de uma simples conexão com os sentimentos. Uma vez me beneficiei enormemente de uma terapia quando me senti muito sensível a tudo o que eu pensava que realmente iria dissolver e desaparecer. Com o tempo, com o que gosto de chamar de "*autoajuda assistida*", aprendi que ter seus sentimentos não é o mesmo que ser consumido indefinida e irremediavelmente por eles. Aprendi que são os sentimentos que se dissolverão, como flocos de neve, e não as pessoas. Tornei-me mais sensível, não menos, e descobri que isso me acalmou e me deixou de castigo: comecei tarde (tinha mais de quarenta anos), e levei alguns anos (fiz uma grande mossa no sofá do psiquiatra), mas de repente a sensibilidade pareceu simples e minha vida muito menos complexa.

Hoje em dia, se começo a me sentir emocionalmente frágil, excessivamente sensível, a primeira coisa que faço é tentar entender a sensação. Cheguei a reconhecer meu floco de neve interior como um sistema de alerta precoce muito saudável: algo não está certo e preciso descobrir o quê. Os próprios sentimentos podem ser complicados — em geral infelicidade e estresse são uma mistura de desconfortos ruidosos, desordenados, infinitos e imprecisos, certo?

Entretanto, quando paro o que estou fazendo, paro de me agitar, me distrair, mergulhar no drama do momento (o gatilho pode ser outra pessoa jogando seus flocos de neve). Quando faço isso, as coisas começam a ficar mais simples. É raro que eu possa contar mais de uma ou duas coisas que, na verdade, são o problema quando me concentro em me perguntar o que está errado. Em outras palavras, mesmo quando estou sentindo coisas muito complicadas e difíceis, posso aplicar o Princípio da Simplicidade a elas.

Posso destrinçá-las e desemaranhá-las. Posso contá-las. Posso identificá-las e, ao fazê-lo, reconectar com minha própria identidade: quem sou e o que sinto. É uma sensação realmente poderosa. Agora vamos à Neurodiversidade. Como dizem Temple Grandin e Richard Panek:

> O que aconteceria se o gene do autismo fosse eliminado do *pool* genético? Você teria um monte de pessoas em pé em uma caverna, conversando e socializando e não conseguindo fazer nada.[10]

Pensamento de grupo

O tamanho único pode ser bom para algumas coisas: limites de bagagem de mão, caixas de suco, medicamentos prescritos, mas nem tanto para as pessoas. É uma pena que tenhamos criado uma sociedade que coloca "*normas*" acima de tudo. É encorajador que agora possamos falar de "*neurodiversidade*" e começar os brotos verdes do reconhecimento da verdadeira Individualidade, mas, meu Deus, isso levou tempo. Tantos sistemas e estruturas permanecem fixos, orientados para uma definição restrita do que significa ser individual e singular, em vez de uma definição generosa e ampla.

O fato é que uma pessoa cujas habilidades são diferentes da norma pode ser o complemento de um projeto ou equipe. Se estamos aplicando um pouco da Ação Hexagonal à ideia de Individualidade, então um floco de neve totalmente único de uma pessoa em sua organização é exatamente o que você precisa: mesmo que seja preciso quebrar um velho padrão de pensamento e de execução para fazê-lo.

Na psicologia social e na ciência do comportamento, o "*Pensamento de grupo*" é a tomada de decisão irracional entre um grupo de pessoas em detrimento da individualidade e do senso comum. Em outras palavras, espera-se que todos se conformem a uma norma, e quem não o fizer seja considerado, bem, não normal, e até certo ponto, inferior. No mínimo, o pensamento de grupo é mais simplista do que simples. Isto é, assume que há algo como um grupo normal, que *deve* ser e agir da mesma forma, em vez de uma realidade mais simples: as pessoas são diferentes.

É importante ressaltar que o simplismo não é nosso amigo aqui: o Princípio da Simplicidade respeita situações complexas e apresenta soluções individuais: é uma distinção realmente importante. É diferente do fato — ao qual reportarei em breve na seção sobre Redes — de que coisas enormes podem acontecer quando nos comportamos coletivamente, e como um grupo.

Mas toda atividade coletiva começa a partir de indivíduos com qualidades e habilidades sociais distintas. O mesmo vale para insetos sociais como as abelhas, e certamente vale para as pessoas. Em outras palavras: as pessoas neurodiversas são apenas os indivíduos especiais que se destacam.

O diretor de Felicidade

Há uma maravilhosa organização sem fins lucrativos no Reino Unido chamada Team Domenica,[11] criada pela mãe de uma jovem carismática nascida com Síndrome de Down. Domenica Lawson, agora na casa dos vinte anos, é sobrinha da chef de TV Nigella Lawson e foi a última afilhada da princesa Diana. A primeira vez que o mundo viu Domenica, foi fotografada ao lado de Diana em seu batismo nos braços de sua mãe, a militante Rosa Monckton. Mas Domingas não teve uma vida fácil ou abençoada.

Oportunidades para pessoas com condições como a Síndrome de Down não aumentam se você tem parentes ricos e famosos ou se conhece a realeza. A mãe de Domenica, que fez campanha incansável por melhores oportunidades para ajudar sua filha a se tornar uma adulta independente, percebeu que ela mesma tinha que fazer algo. Também percebeu que a chave para a independência é — claro — o emprego, não apenas pela renda, mas pelo respeito próprio. Rosa diz que a missão da Team Domenica é "*ajudar as pessoas com deficiências de aprendizagem a descobrir seu potencial de carreira, criar oportunidades de emprego e remover barreiras para trabalhar nas comunidades locais*". Domenica tinha 24 anos quando mostrou orgulhosamente seu primeiro salário por trabalhar no Brighton Pavilion Café. Ela disse ao *The Sun*, no Reino Unido, que "*é realmente incrível e me sinto muito importante por ter dinheiro*".[12]

O local de trabalho, assim como a sociedade em geral, tem sido lento na aceitação quando se trata de reconhecer que a diferença não significa menos ou errado. O pai de John Cronin, um jovem americano com Síndrome de Down, estava tão convencido de que havia um papel para ele nos negócios que juntos montaram a John's Crazy Socks,[13] concebida especificamente para aproveitar o dom de John para a comunicação, sua atenção aos detalhes e seu senso de diversão. John, que é o "*diretor de Felicidade*" de sua empresa, tornou-se a primeira pessoa com Síndrome de Down a ganhar um grande prêmio empresarial, o prêmio EY Entrepreneur of the Year (Empreendedor do Ano). O negócio gira em mais de cinco milhões de dólares por ano.

Depois, há outra fonte de felicidade: o empresário que assume riscos sobre a própria neurodiversidade. Brian Jacobs, um capitalista de risco, passou trinta anos em finanças antes de iniciar um novo empreendimento inteiramente dedicado a apoiar empresas que investem em funcionários com autismo.[14] Ele investiu dez milhões de dólares do próprio dinheiro. No ramo de investimentos de impacto, empresas que se beneficiam de seus investimentos como Auticon, da área de TI, apoiam funcionários que trazem "*concentração e perseverança sustentadas quando as tarefas são repetitivas*", como apenas um exemplo.

O caminho pela complexidade infinita e preocupante da vida é abrir trilhas individuais, simples e diretas, que você pode fazer apenas de forma personalizada. Nem mesmo duas pessoas são as mesmas. Não há duas organizações que sejam. Quanto mais adotarmos e abraçarmos uma abordagem verdadeiramente de floco de neve — isto é, reconhecer nossa individualidade, enxergá-la de fato —, mais chances teremos de acertar as coisas. Em vez de pensar na diferença como um problema, vamos ver como pode funcionar para nós e conosco. O modo como expressamos nossa individualidade e identidade faz parte da magia do ser humano. Ela nos diferencia das máquinas. O epicentro absoluto desta Individualidade é a nossa Criatividade.

Criatividade

A criatividade não é apenas para os artistas. É para empresários que buscam uma nova maneira de fechar a venda; é para engenheiros que tentam resolver um problema... A criatividade é um hábito, e a melhor criatividade é o resultado de bons hábitos de trabalho.[15]

TWYLA THARP

Criatividade

Quando você faz algo criativo, estabelece uma conexão profunda. Na música, na poesia, na arte, na dança e nas indústrias obviamente criativas, a conexão é a moeda que você deseja. Elton John e Bernie Taupin são duas das lendárias forças criativas do cantor-compositor de música pop moderna: cada uma e todas as canções de seu catálogo de trinta álbuns, em sua parte de trás, dirigem-se simplesmente àquele lugar dentro de seus fãs no qual se sentem vistos, compreendidos.

Quando ouço uma música que desperta algo dentro de mim — poderia ser uma canção pop ou uma sonata para piano de Beethoven —, fico emocionada. Nada complicado. Tenho certeza naquele momento. Um dos grandes prazeres da vida é saber o que o(a) move de forma criativa. Você tem que se conectar com sua própria individualidade para descobrir, se não tiver a sorte de simplesmente *saber*. Levei muitos anos para saber de que criatividade visual eu gostava, quando instintivamente entendi o quanto a música e as palavras me comoviam. Durante a infância não tive qualquer problema em gostar de música coral e popular, musicais e romances, mas sempre me senti bastante desconectada da apreciação de arte.

Então, quando adolescente, descobri a simplicidade do pintor surrealista belga Magritte e, de repente, entendi. Adoro suas pinturas de coisas impossíveis perfeitamente desenhadas: montanhas feitas para parecerem águias, e homens flutuando pelo céu com chapéus-coco, cores e paisagens que me tocam profundamente. A conexão que sinto com essa arte é muito simples e, no entanto, muito, muito complexa também. Dificilmente consigo colocá-la em palavras. Isso é criatividade.

É claro que a criatividade que me move não é a mesma que mexe com você. Isso é individualidade. A beleza de pertencer a uma espécie social acontece quando todos vocês estão unidos por algo especial, algo que conecta todo o grupo. Mas o que é a criatividade que é ao mesmo tempo individual, mas também simples?

Don Bledsoe, o fundador de uma consultoria de roteiro, a Script Nurse, ajuda os escritores no implacável mundo da produção de filmes. Em seu blog, ele lista (*felizmente para uma caçadora de hexágonos como eu*) seis "*Dicas para melhorar muito seus roteiros*", nas quais destila tudo para a ação e o diálogo, seguidas de alguns parágrafos muito curtos que dependem do trabalho árduo de tornar as coisas simples, parciais e superclaras. Em outras palavras, para ser criativo, você tem que ter simplicidade.[16] Mas acho que é o contrário também: para ser simples e não desorganizado, é preciso ser criativo com frequência.

Aqui está um exemplo do mundo dos negócios. Henry é um empresário britânico que fundou a Nonsuch, a empresa de bebidas que fabrica um novo tipo de deliciosa bebida mista sem álcool chamada Shrub. Este mercado deve valer mais de dois *bilhões* de dólares até meados de 2020, e, para misturar minhas metáforas, Henry gostaria de pegar uma grande fatia dessa torta. Ele tem uma boa chance de fazê-lo porque pertence a um dos mais antigos negócios familiares de bebidas da Grã-Bretanha.

Em 1728, Clement Chevallier (pentavô de Henry), plantou um pomar de cidra em sua terra em Suffolk, que cresceu em um negócio multimilionário produzindo famosos sucos de maçã, cidra e vinagre de cidra. Desde então, tenho bebido tudo o que Henry faz, porque ele é um gênio culinário e comercial. Assim como os chefs que ele conhece que já são reconhecidos por sua criatividade culinária, Henry trouxe uma abordagem artesanal de sabor, cor e marca para um mercado altamente competitivo.

No entanto, se perguntar a Henry se ele é criativo, ele pode coçar a cabeça, parecer um pouco confuso e dizer que não. Mas o sucesso da marca e do marketing de seu negócio depende intensamente tanto da criatividade quanto da simplicidade em harmonia: os clientes têm que se conectar rápida e facilmente às marcas para que elas "*colem*".

O profissional criativo

Onde mais a criatividade se casa com simplicidade? Você não espera encontrá-la na cadeira do optometrista, entre as máquinas de teste dos olhos; então você não conheceu Layla, de cinquenta anos, uma profissional de saúde sul-africana que vive em Londres. Ela treinou há trinta anos na prática de detectar problemas de visão, assim como sinais de alerta precoce de outras condições que vão desde diabetes a tumores cerebrais. Layla é sempre brilhante com as cores e em geral usa roupas com texturas interessantes. "*Sempre me recusei a usar o jaleco branco*", disse-me ela, "*porque é muito impessoal, muito formal. Você não pode se conectar com as pessoas a menos que realmente fale com elas, e qualquer barreira em uma situação de diagnóstico pode ser uma barreira ruim*".

Isto em si é uma abordagem criativa, mas há mais. Layla descreve como faz seu trabalho. A medicina tem diferentes especialidades ilimitadas, e a de Layla é a condição de baixa visão, essencialmente uma forma complicada de precisar de uma combinação de óculos, ou lentes de contato, ou medicação ou cirurgia ocular: seu trabalho é encontrar a solução mais simples para o problema particular de seu paciente. Há regras bastante fixas sobre diagnóstico — é para isso que serve o treinamento, artigos médicos de avaliação de colegas, melhores práticas, e assim por diante. Mas o interessante é como Layla trata os pacientes após o diagnóstico. Ela diz:

> Há princípios básicos com monovisão que se aplicam e não se desviam muito, e há sempre apenas um punhado de sintomas, então é simples. Mas tenho que avaliar cada pessoa individualmente e quero manter as soluções simples, até porque preciso fazer meus pacientes entrarem e saírem relativamente rápido, mas também acredito que, a menos que você forneça uma solução simples a

> uma pessoa, ela não vai querer a solução que você lhe dá. Em outras palavras, se eu der a uma pessoa ocupada um par de lentes de contato mais os óculos, ela pode simplesmente sentir que não é uma solução para ela, porque está muito ocupada. Por outro lado, não posso literalmente aplicar todos os benefícios de um só tamanho porque há diferentes opções disponíveis, algumas das quais são mais complicadas do que outras. Tenho que ouvi-los, observá-los e fazer um julgamento antes de oferecer o que acho que funcionará bem para eles.

Em outras palavras, com ou sem o jaleco branco, para manter a simplicidade, essa profissional de saúde está sendo criativa — e vice-versa.

A individualidade da Layla e de seus pacientes, e sua criatividade, tudo leva à solução simples para eles — a solução mais simples *disponível* que é *individualizada*. A propósito, também é um bom negócio: se Layla não estiver disponível para uma consulta, cancelo e espero até que esteja livre.

O robô criativo

Até agora, tenho me concentrado na criatividade humana. A empresa de ajuda a roteiristas de Don, as bebidas mistas sem álcool de Henry e as soluções para baixa visão de Layla vêm todas de sua identidade, de suas mentes e de seus tipos individuais. E quanto à tecnologia criativa? Confesso que era o tipo de pessoa que pensava que os humanos sempre seriam infinitamente superiores às máquinas. Agora sei que estava sendo simplista. O que sei é que os humanos serão sempre *diferentes* das máquinas, e que a individualidade e criatividade humanas nunca serão recriadas perfeitamente pela inteligência artificial.

Será sempre apenas simulada, ou fabricada, o equivalente a algo produzido em massa versus um item feito à mão. Mas esta realidade não significa que algo especial e único não possa ser criado a partir de uma *mistura* de humano e máquina, algo que pode simplificar nosso mundo para melhor.

Meu garoto-propaganda para isso é um robô voltado para crianças chamado AV1, de uma empresa chamada No Isolation. Inventado na Noruega, ele permite que crianças doentes impossibilitadas de ir à escola aprendam e se sintam conectadas às suas salas de aula e colegas de classe. A ideia é — claro — simples. Um robô dá "*telepresença*" — sentado na sala de aula, a uma mesa, no lugar da criança doente e ausente. Ele pode girar em seu próprio eixo e rodar, e tem mostrado uma notável conexão emocional com quem quer que o segure ou se conecte com ele.

No Isolation foi fundado por Karen Dolva quando ela estava na casa dos vinte anos. Considerando que em alguns países o número de crianças com doenças crônicas e incapazes de participar da educação pode ser de dez por cento, há uma clara necessidade comercial do No Isolation — e uma solução simples ao isolamento que coloca a Individualidade de cada criança na presença de um robô do tamanho de uma caneca de chope. Chamo isso de criativo.[17]

O que gosto especialmente no AV1 é que ele é uma solução para crianças individuais, para que possam permanecer no grupo. Trata-se, literalmente, de acabar com o isolamento social. Individualidade não significa alienação e isolamento, algo que corremos o risco de esquecer se passarmos muito tempo nas mídias sociais, que podem elevar as vozes individuais a um clamor horrível.

Não posso dançar como a expressionista criativa Twyla Tharp. Também não posso desenhar ou pintar. E não sou uma inventora. Significa que não sou criativa? Eu achava que sim. Agora me permito pensar o contrário. Ler pessoas como Twyla Tharp e aprender ensinando aos outros sobre produtividade e simplicidade me convenceu de que a criatividade *está* realmente dentro de todos nós, afinal. Mais do que isso, quando se tem acesso a ela, *boom*! Todos os tipos de obstáculos são claros e você pode continuar com o que sempre esteve destinado a fazer. Toda essa criatividade funciona melhor, porém, se bem misturada a outra qualidade que também pode parecer vaga: Integridade.

Integridade

Teia de mentiras

Uma das novas empresas de maior sucesso no mundo é uma de pequeno porte da Finlândia chamada Happy or Not (Feliz ou não).[18] Se você já passou por uma fila de segurança no aeroporto, provavelmente já usou o produto dela. É uma máquina de pesquisa de satisfação na forma de quatro grandes e simples botões, que vão desde um verde sorridente até um vermelho raivoso. É simples e criativa. Eles agora têm mais de 25 mil terminais instalados em todo o mundo, não apenas em aeroportos. A simplicidade, tanto do conceito (recolher o feedback dos passageiros para o aeroporto) quanto do projeto (os botões são tão grandes que você pode pressioná-los ao passar sem realmente parar), é a pedra angular de seu sucesso.

Mas uma coisa que funciona tão bem é que as pessoas gostam de dizer a verdade. Assim, os clientes Happy or Not que querem saber se estão acertando com seus consumidores estão obtendo algo bastante preciso, graças a este dispositivo. Por quê? Porque, em geral, as pessoas são verdadeiras e, em geral, têm integridade.

A única coisa que sabemos sobre falta de honestidade — ou uma mentira — que é complicado. A frase original, datada da Idade Média, era "*uma trama de mentiras*". Trama era um tecido de manufatura complexa e entrelaçada. Voltando aos tempos quase modernos, ou seja, apenas dois séculos atrás, a 1800, e o *London Journal* publicou este exemplo:

> A inventividade e a astúcia dos políticos não são raramente empregados para esconder ou interpretar mal os fatos; e os escritores venais são facilmente encontrados, prontos para construir um trama de mentiras para servir aos propósitos de seus empregadores.

Em resumo: não ser sincero é muito mais complicado do que ser. Honestidade e integridade (*que significa "ser honesto e ter princípios morais fortes"*) são as palavras de ordem da simplicidade. Não estou apenas sugerindo que se tenha integridade para ser uma pessoa moral e boa. Estou dizendo que é muito mais simples se você for.

Na sociedade, nem sempre valorizamos a integridade. A própria política tornou-se muito comprometida pelo que foi chamado de "*veracidade*", uma frase iniciada em meados dos anos 2000. Esta foi a época em que a internet explodiu a escala e a velocidade com que a informação e seu oposto, a desinformação, podiam circular.

Hoje discutimos incessantemente nas redes de televisão e nas redes sociais sobre o que é verdade, ou "*fake news*" ou mesmo "*deep fakes*". Mas não é tão complicado assim. Podemos aceitar mentiras, podemos até recebê-las para fins de entretenimento, mesmo que não tenhamos certeza absoluta de que sabemos uma coisa simples: a diferença entre o certo e o errado.

Esta é a abordagem do Princípio da Simplicidade à integridade. Mantenha-se fiel aos fatos onde você pode, como "*pegar o caminho que quiser*" ao dirigir, mas o que quer que faça, chegue ao seu destino inteiro, chegue a um lugar que seja moralmente certo, não moralmente errado. Confie em seu instinto, confie nos fatos, confie no que está sendo apresentado a você: *mantenha-o real*. Use táticas, como "*espelho, seta, manobra*" e não dirija com a cabeça para dentro de algo ou de outra pessoa.

Ser complicado, seguindo uma trama de mentiras, o levará a um acidente. As tramas de mentiras se desfazem. A propósito, não estou sugerindo que você minta conscientemente, mas muitos de nós *ficamos calados* quando sabemos que algo está errado. Não levantamos a cabeça acima do parapeito, porque não queremos nos meter em problemas, ou dizemos a nós mesmos que não queremos nos envolver em questões alheias. No entanto, muitas vezes temos medo de ser individuais, de falar alto e sair, e por isso nos arrastamos para teias de complicação.

3Cs: Convocação, Compaixão, Compromisso

Há uma segurança para mantê-lo no caminho com integridade, para permanecer no lado certo da estrada simples e evitar a teia de vias secundárias, conhecidas como complexas. Chamo isso de 3Cs, aqui estão eles em poucas palavras:

- **Convocação** — Não importa quão inferior você esteja na hierarquia no trabalho, ou quão tímido e introvertido, quando sabe que algo não está certo, você deve falar. Este pode ser um prazo impossível, ou uma situação na qual alguém venha a ser prejudicado. Convocar é muitas vezes especialmente difícil — e, portanto, evitado — em locais de trabalho, por causa de culturas tóxicas nas quais o medo e não a colaboração se tornaram a norma. Mas a menos que os chefes e gerentes aprendam a ouvir más notícias, como "*sinto muito, mas não podemos fazer este trabalho assim*", não chegarão a qualquer solução de trabalho que esteja sendo proposta. Convocar tem a ver com estar centrado no que é real. *Mantenha-o real*, convoque-o. Muito mais simples.

- **Compaixão** — Oh, meu Deus, não precisamos desta aqui. Compaixão, consideração pelos outros, pensar sob sua perspectiva não é apenas ter fibra moral e integridade, mas algo mais. Você se sente tão bem e tantas coisas boas acontecem quando se tem compaixão. É tão fácil nestes tempos de raiva, quando as mídias sociais se alimentam e as notícias são cheias de ódio e argumentos, de coisas extremas acontecendo, perceber que cada pessoa merece um abraço, alguma simpatia. Não volte para mim com "*sim, mas e os assassinos em série*"?
  Entendo que nem todos merecem uma jornada fácil, mas vamos nos concentrar em nós, a maioria, a vasta, a imensa maioria que pode ser diferente, que pode sentir, pensar e agir de maneiras com as quais não concordamos, mas que merece compaixão. A pesquisa mostra muito claramente que, quando agimos com compaixão, é bom para nós. Veja o estudo realizado durante cinco anos por Michael J. Poulin na Universidade de Buffalo, que acompanhou 846 pessoas e concluiu que aqueles que ajudam os outros não apenas experimentam um bem-estar maior, mas desfrutam de uma reserva maior contra o estresse e até mesmo para a própria longevidade da vida.[19]
- **Compromisso** — Sim. Você. Pode. Compromisso é algo do qual muitas vezes nos distanciamos, pensando que há apenas uma verdade, um caminho, e esta mentalidade traz impraticabilidade, complexidade e dores de cabeça. O Compromisso, fazer concessões para chegar a um acordo, tem que acontecer nas famílias, nas relações românticas, nas amizades, nas situações de trabalho e, acima de tudo, conosco. Se você é o tipo de pessoa que acha que precisa estar cem por cento no jogo o tempo todo, está sendo duro consigo, e significa que provavelmente está sendo duro e inflexível com aqueles que o rodeiam. Se puder simplificar a situação e concordar com uma coisa (ou duas ou mesmo três — não vá para mais de seis, ou classifique como complexo!) e concentrar-se nisso, trabalhando a partir desse simples objetivo, o resto flui muito mais facilmente.

Há um exemplo muito maior de alguém que encarnou individualmente os três Cs e salvou 155 vidas no processo: o piloto capitão Chesley Sullenberger — "Sully" —, que salvou o voo 1549 da US Airways ao aterrissar no rio Hudson, em Nova York, em janeiro de 2009. Do início ao fim, o drama no ar levou seis minutos. Depois de aterrissar em segurança, sua decisão foi questionada em um inquérito oficial que durou meses por funcionários da companhia aérea, que não acreditavam que a única solução era aterrissar, preferindo acreditar em suas simulações de voos digitais que eram diferentes da experiência da vida real.

Nesse extraordinário tempo de seis minutos, o capitão Sully deixou de ser um piloto treinado para seguir regras e somente regras, para se tornar um humano com gerência sobre sua máquina. Ele se tornou um indivíduo. Chamou a atenção para o fato de que os computadores deviam estar errados, demonstrou profunda compaixão por sua própria vida e pelas dos outros, não entrando em pânico, mas mantendo-se calmo, tranquilo, e se comprometendo: pousou na água, o que era arriscado e não ideal, mas o melhor que podia fazer quando a alternativa teria sido bater em prédios e calçadas no centro de Manhattan. Mais tarde ele disse: "*Os fatos nos dizem o que fazer e como fazer, mas é nossa humanidade que nos diz que devemos fazer algo e por que devemos fazê-lo*".

Sinto-me muito comovida por esses contos heroicos, e sei que a integridade está viva e bem nos bastidores de escritórios, escolas, edifícios governamentais e fábricas em todo o mundo. Seria bom saber mais sobre eles. Ter uma hashtag #convocação ou #observaaintegridade que aplauda qualquer um que se levante; e não se trata tanto de dizer "*não*", mas de "*vamos fazer assim*".

Estamos quase terminando este capítulo sobre Individualidade e há apenas mais um aspecto a ser coberto, e é aí que nós mesmos — nossos *eus* combinados, nossos *eus* individuais e de grupo — nos posicionamos: como o Princípio da Simplicidade se aplica ao Lugar?

Lugar

Localização, localização, localização

Tendemos a pensar na localização como algo importante em termos imobiliários para casas e escritórios. Todos sabem o que é uma "*localização privilegiada*". Mas o que isso significa em termos de onde *nos* colocamos, em nossas vidas? Escrevendo em seu belíssimo livro de observação *The Mind of the Bees* (A mente das abelhas), Julien Françon observou que "*seu dia de trabalho é apenas uma sucessão de viagens, às vezes distantes, sempre rentáveis*". Uma colônia de abelhas, recordemos, é realmente um grupo, tão grande quanto uma pequena cidade de cerca de vinte mil habitantes cujos ocupantes são, como diz Monsieur Françon, "*por turnos arquitetos, pedreiros, necrófagos, decoradores, jardineiros, especialistas em produtos químicos, ternos enfermeiros e, às vezes, guerreiros selvagens*".

A abelha vai sempre para casa — a colmeia — ou constrói uma casa. O senso de lugar para as abelhas, tanto em termos de onde vivem como também para onde saem, é incrivelmente forte. E, para toda a unidade coletiva, cada abelha tem um *eu* distinto, combinado dentro de todo o Propósito da colmeia. Assim como cada lugar a que dedicam seu tempo, esforço e corpos. Conosco é o mesmo. Onde vivemos, onde trabalhamos, a distância que percorremos entre os dois: a simplicidade da viagem e o arranjo são muito importantes.

Mas para o *Eu* combinado, aqueles de nós cada vez mais ziguezagueando em nossas vidas entre diferentes papéis, isso também envolve ziguezaguear entre diferentes localizações: literal e figurativamente falando. Localizações, não apenas duas, onde *nos* colocamos, são muito importantes. Por quê? Bem, em primeiro lugar, o tempo.

Lembre-se de que essas horas teimosas não se estendem, e pelo tempo que você tem para dormir e geralmente se levantar e se preocupar com algum tempo genérico de lazer, como eu o chamo (*tempo para regar suas plantas ou navegar on-line ou gritar as crianças*) e depois se preparar para dormir novamente você não pode se estender muito além de quinze horas em um dia de ponta a ponta. Portanto, como usamos nosso tempo e quanto dele gastamos em viagens é importante, de fato. Voltarei a este assunto na seção Tempo, do capítulo 9.

Mas o lugar, o *onde* real importa, porque se não fosse assim nunca teríamos desenvolvido nossas habilidades para decoração, para personalizar espaços, para colocar nossa individualidade onde quer que estejamos. Nos anos 1980, a tendência no espaço de escritório era de "*fazendas em cubículos*" — lugares minúsculos, encravados um pouco como galinhas em um galinheiro. Era ali que se podia ver mais claramente a Individualidade de um trabalhador: nas bugigangas de escrivaninha, nas fotos dos entes queridos, nas mesas bagunçadas, nas mesas arrumadas. Os espaços que dizem: "*este sou eu*".

Hoje, nossa Individualidade em nossos lugares está ficando, você adivinhou, mais complicada. Cada vez mais estamos nos tornando freelancers e trabalhando parte em casa, parte de uma variedade de escritórios, espaços de coworking, balcões ou cafeterias.

Pete era um executivo corporativo global sênior. Ele cuidava da reputação de uma das maiores empresas de comunicação do mundo, e passava pelo menos metade de cada mês no ar, indo e vindo entre localidades. Este é o tipo de cara para quem os anúncios de mala no Instagram são projetados. Ele estaria muito interessado nas pequenas diferenças de peso ou capacidade, ou nas novas rodas: qualquer coisa para aliviar o tédio das viagens constantes e estimular sua vontade de regular, de alguma forma, uma situação que nunca esteve sob seu controle. Pete frequentemente tinha menos de 24 horas de aviso prévio antes de ter que deixar a família e entrar em um avião.

Pete e eu achávamos tempo para nos encontrar. Às vezes nos encontrávamos no exterior: eu me lembro de uma noite particularmente maravilhosa de coquetéis em Mumbai com ele, e outra em Nova York. Mas nos encontrávamos principalmente em Londres, no Strand, e sempre, sempre, sempre, falávamos sobre nossas vidas de equilíbrio entre trabalho e vida, e sempre, sempre, sempre percebi que estávamos falando sobre viagens e lugares.

Pete se convenceu, como muitos de nós, de que onde vivemos e trabalhamos "*é apenas isso*". Que não temos controle. Pete é um rapaz generoso, caloroso e otimista e sentiu que seu trabalho e sua vida eram maravilhosos. Ele não prestou atenção à viagem, ao local dividido, apenas aceitou. Não precisava demonstrar integridade, nem convocar ou mesmo ter compaixão por si mesmo, porque não sentia conflito. Havia apenas um problema: seu corpo sentia. Após vários anos nesse regime punitivo, seu corpo desistiu. Um pouco como as abelhas-operárias, que fazem todo o trabalho pesado, e cujas vidas são supercurtas em comparação com os zangões e a rainha.

As abelhas-operárias vivem talvez duas a três semanas se comparadas à rainha, que é alimentada, regada e produz quatrocentos mil ovos e vive de dois a três anos. Os zangões preguiçosos, que não fazem nada além de esperar para serem colhidos para fertilizar a rainha, também são alimentados e regados por até seis operárias. Não havia dúvidas sobre isso: Pete era uma abelha-operária, sacrificando constantemente sua vida pela Colmeia ou, em termos modernos, pela Corporação.

Um dia, o corpo de Pete quase desistiu. Ele desenvolveu sintomas agudos de um distúrbio digestivo que o levou ao hospital, seguido de uma cirurgia de emergência. De repente, a viagem estava fora de questão. Enquanto se recuperava, Pete descobriu que não se apegava mais à viagem aérea e, em vez disso, começou a olhar de novo para o que sua vida individual exigia, porque, como disse: "*É simples, Julia: eu gostaria de permanecer vivo e ver meus filhos crescerem*".

Pete ficou chocado porque sua aceitação otimista do *status quo* havia mascarado uma realidade. O horário das viagens era complexo, o trabalho em torno de fusos horários sem fim e equipes diversas em continentes diferentes, combinado com a complexidade de fazer parte de uma empresa global em um nível tão alto estava lhe causando um problema antigo: *burnout*. Ao se recuperar, Pete descobriu que podia tomar uma decisão simples: continuaria com seu trabalho, mas baseado apenas no Reino Unido com viagens limitadas de curta distância. Em vez de pensar que era complicado, usou o modelo de Clareza. Ele decidiu. Em vez de tentar pertencer ao grupo corporativo, ele se conectou com sua Individualidade e criou uma alternativa que seus chefes e colegas (*que o valorizavam enormemente*) aceitariam.

Hoje em dia, Pete e eu ainda nos encontramos para um coquetel. Mas tendemos a falar sobre o complexo estado do mundo, em vez do estado de nossas vidas. Nossas vidas não estão menos ocupadas, nossos filhos estão crescendo e falamos deles, de nossos cônjuges, falamos mais de ideias do que de logística. Falamos menos como abelhas-operárias prestes a expirar da exaustão enquanto caçamos o néctar, voltando carregados para a colmeia, apenas para labutarmos sempre de novo. Para Pete, o lugar se tornou um estado de espírito.

SEIS LIÇÕES

INDIVIDUALIDADE

1 **Seja o Floco de Neve.** Recuperar a ideia de ser um "*Floco de Neve*" e pensar na sensibilidade/neurodiversidade não como um conceito negativo e politicamente motivado, mas como um conceito com base na realidade, na compaixão e em abraçar a diferença.

2 **Seja seu verdadeiro eu criativo.** Lembre-se de que quem você é on-line não é exatamente a mesma pessoa, e que o seu verdadeiro eu é aquele que deve permanecer conectado acima de todos os outros. E perceba sua criatividade mesmo no cotidiano comum.

3 **Seja cauteloso ao pensar em grupo.** Todos queremos pertencer, mas seguir o que todos estão fazendo com fé cega leva a um *mindset* fechado, e não a um aberto. Você pode ter uma visão diferente dos outros, sabe.

4 **Seja o diretor de Felicidade.** Pergunte se você pode ser a pessoa que inspira e defende o bem-estar, porque você mesmo o encarna. Use a criatividade para orientar o bem-estar.

5 **Ter integridade.** Muitas vezes temos medo de ser individuais e de levantar a cabeça acima do parapeito. O resultado? Nós nos arrastamos para uma teia emaranhada de complicações. Lembre-se dos três 3Cs: Convocação, Compaixão e Compromisso. Trata-se de ser prático e centrado no que é real: não se trata tanto de "*Não*", mas sim de "*Vamos fazer assim*".

6 **Conheça o seu lugar.** A abelha sempre vai para casa ou constrói um novo lar. O senso de lugar para as abelhas, tanto em termos de onde vivem quanto de para onde vão, é incrivelmente forte. Onde vivemos, onde trabalhamos, a distância que percorremos entre os dois: a simplicidade da viagem e o arranjo são muito importantes.

6

Lado 3: Reinício

A mente sempre ligada precisa descansar

Olho para o meu telefone e me pergunto se ele não é seu próprio tipo de câmara de privação sensorial. Aquele pequeno e brilhante mundo de métrica não se compara a este, que me fala em brisa, luz e sombra, e o detalhe indisciplinado e indescritível do real.[1]

JENNY ODELL

Você sabia que o sábado recebeu seu nome por causa do planeta Saturno, que é o sexto planeta a partir do sol? Saturno tem, por acaso, seu próprio hexágono: um padrão de nuvem hexagonal ao redor de seu Polo Norte, descoberto em 1981. Saturno é também um deus romano associado ao domínio da Terra durante um tempo de felicidade. Este é o tipo de fato que me tem no "*olá*".

Como o sexto dia da semana, o sábado é em geral o primeiro dia do fim de semana na maioria dos países ocidentais. Isso significa, de fato, que seis dias da semana estamos de alguma forma trabalhando — mesmo que passemos um sábado sem trabalhar em nossos empregos, é provável que estejamos trabalhando para organizar nossa vida de alguma maneira.

Estar sempre ligado(a) não é uma boa aparência ou sensação. Estamos constantemente tocando nossos smartphones (oitenta vezes por dia), vagando on-line, compartilhando socialmente, estando disponível para nossos chefes, assistindo à TV em táxis enquanto aplicativos são vendidos para nos ajudar a dormir porque muitas vezes estamos ansiosos demais, ligados e sobrecarregados para saber como desligar a energia. Ao contrário de nossos aparelhos, que pelo menos têm um interruptor, cada vez mais a pergunta é: nós temos?

Em termos eletrônicos, *Reiniciar* significa "zerar". A ideia de transpor este conceito de "Reinício" — uma limpeza de tela — para nossas próprias cabeças de vez em quando me fala fortemente. Afinal, muitas vezes é diretamente por causa de nossa dependência excessiva da eletrônica que precisamos reiniciar em primeiro lugar. Porque Reiniciar não é bem o mesmo que descanso: é mais do que isso.

Também não tem a ver apenas com o sono, que se tornou uma espécie de garoto(a)-propaganda para a ideia de bem-estar, juntamente com a atenção. Vejo o valor tanto no sono quanto na atenção, é claro. Dormir em particular, sabemos tanto pelo que acontece se formos privados do sono (nada bom) quanto pelos benefícios de ter o suficiente. Mas em vez de me debruçar sobre eles aqui ou acrescentar a uma literatura já rica sobre ambos os tópicos, quero, em vez disso, levá-los nesta seção a uma pequena viagem ao que Reiniciar significa e toca, como uma experiência.

Este capítulo é realmente dedicado à ideia do sábado de Saturno: que precisa haver um dia (ou pelo menos uma forma regular) em que você construa um hábito com base não em ação, em fazer e se engajar, mas o oposto: em se *desligar.* Reiniciar é mais difícil do que pensamos quando nossa cultura valoriza o não parar, não reduzir e chegar a muito mais zeros o tempo todo. Tudo está pronto na sociedade de hoje para construir seguidores, adquirir mais pertences, mostrar o quanto você está ocupado (e, portanto, aparentemente importante) com uma lista interminável de afazeres. A ideia de voltar atrás para começar de novo é, de alguma forma, considerada ameaçadora em vez de ser vista como revigorante.

Vamos ver se podemos olhar para ela através de uma nova lente. Aqui estão os seis aspectos do *Reinício* como o vejo, embora, como todos os aspectos desses axiomas, eles sejam apenas ingredientes. Você pode decidir trocar um por outro:

1 **Libertação:** o interruptor fica sempre ligado;

2 ***Mind-less-ness*:** deixar o espaço acontecer sem perder;

3 **Curiosidade:** tornar-se um turista em sua própria vida;
4 **Natureza:** estar tanto fora quanto dentro;
5 **Respiração:** da respiração para o respirador;
6 **Diversão:** quando a distração ajuda sua Saúde Social.

Lançamento

Eu não sou uma drogada ou algo assim, eu disse defensivamente. Estou tirando um tempo de folga. Este é o meu ano de descanso e relaxamento.[2]

OTTESSA MOSHFEGH

Pare o mundo e me deixe descer

"*Estou cansada de andar às voltas*", escreveu a lenda da música country Merle Haggard em sua canção "*Stop the World and Let Me Off*". Ele estava, é claro, escrevendo sobre o amor, mas penso em como é cansativo e miserável ser algemado à conectividade constante. A vida eletrônica, conectada, é como o amor. Precisamos e estamos irremediavelmente ligados a ela, quer queiramos ou não.

A própria forma como os algoritmos são projetados aciona a nossa autovalorização social e para desejar mais conexão com o computador, não menos. Realmente não há mais uma coisa como "fora da rede". É muito, muito difícil não precisar de uma ou outra conexão em termos puramente práticos, e é por isso que a desintoxicação digital é uma coisa única e rara: ninguém pode mais ser não digital. Estamos todos na pista de dança digital, incapazes de controlar nossos pés, pois o chão gira constantemente debaixo de nós. É claro que podemos parar as notificações (*o pingue permanente realmente deve ser proibido*) e outras alterações para impor limites e conter a tentação, mas isso exige que estejamos sempre vigilantes, o que em si mesmo é exaustivo.

Além disso, esta é a era da chamada "cultura da atividade", na qual uma força de trabalho cada vez mais freelancer e gigante da economia está aumentando. A *Forbes* informou que metade dos trabalhadores nos Estados Unidos serão freelancers até 2027.[3] Mesmo que você permaneça em um único e seguro emprego por um período de tempo, as chances são de que enfrente constante reciclagem e requalificação. De acordo com o Fórum Econômico Mundial, um em cada quatro trabalhadores não tem as habilidades corretas que precisam na Era da Automação. [4]

Com este tipo de complexidade diária, não é de se admirar que todos nós desejemos a libertação. Neste momento, parecemos viciados no tipo errado: *álcool* e *drogas*. A epidemia de opiáceos nos Estados Unidos e em outros lugares tem colocado em evidência os chamados "*máximos legais*", mas tudo isso equivale à mesma coisa: parar o mundo e me deixar descer. Um dos romances mais pungentes que li recentemente é *Meu ano de descanso e relaxamento*, de Ottessa Moshfegh, que é um retrato terrivelmente marcante de desespero, tumulto, desesperança e um desejo de escapar da realidade alimentado pelo esquecimento opioide.

É claro que é ficção, e é claro que a personagem tem mais a enfrentar em sua cabeça do que se esforçar para trabalhar. Mas o sucesso literário deste romance é uma prova de como ele fala aos nossos tempos: estamos literalmente saindo de nossas mentes com exaustão e morrendo, também literalmente, por libertação.

Pequena maravilha. Quanto mais abraçamos a complexidade, nos afastamos das soluções simples e da própria simplicidade, pior as coisas ficam. A libertação do tipo errado — o esquecimento — tornou-se assustadoramente normal. A pergunta que todos nós devemos nos fazer, antes de chegarmos à *forma* de libertação, é de *que* estamos buscando a libertação, e especialmente *por quê*.

As chances são de que você esteja sentindo que a vida é muito complexa, muito avassaladora, muito difícil de consertar. Lembre-se de que a Ação Hexagonal é um caminho para a simplicidade: pode ajudá-lo(a) a projetar algo tão vital quanto a libertação de uma forma que seja positiva e não negativa. Como? Aceitação.

Aceitação

Acho que se você perguntar a alguém que tenha uma personalidade viciada de qualquer tipo, ele dirá que a crítica interior é uma voz muito alta. Considerando que todos nós estamos um pouco viciados em alcançar mais, mais rápido, mais longe do que nunca, muitos de nós estamos, em algum grau, experimentando uma grande ansiedade. Não esqueçamos nosso antigo estresse inimigo, que percorre os corredores do poder, assim como os confins de nossas próprias casas humildes.

Portanto, é lógico que a libertação de qualquer tipo só virá se você aceitar que quer e precisa dela. Se você der a si mesmo — e de fato aos outros ao seu redor — permissão. O escritor britânico Johann Hari provavelmente fez mais do que a maioria para trazer à tona a questão da depressão e para desafiar nosso uso de medicamentos. Ele coloca isso muito bem, de modo simples, quando escreve que o oposto do vício não é sobriedade. É a conexão.[5]

Quando aceitamos que não estamos felizes ou satisfeitos ou que temos uma dor profunda, aceitamos algo sobre nós mesmos. Que somos sociais. Que, como as abelhas, temos que pertencer ou então não podemos sobreviver. Para mim, toda a ideia de libertação se dá quando aceitamos o que realmente sentimos, isto é libertador, e uma libertação em si mesmo.

Estou satisfeita em ver que a cultura de trabalho está definitivamente caminhando na direção certa. O bem-estar está ganhando lugar na agenda corporativa, e, quando se tem uma conversa global muito mais ampla sobre saúde mental que em qualquer outro momento da história, é um sinal positivo. Mas a responsabilidade pelo que acontece em nossa própria cabeça e em nosso coração depende, em última instância, de nós mesmos. Temos que nos sentir confiantes de que podemos estabelecer limites para cortar e limitar o estresse, e que a libertação pode ser algo que fazemos proativamente, para afastar o estresse, em vez de um ato desesperado para provocá-lo em curto-circuito.

Ficar parado

Louise Chester é uma das consultoras mais confiáveis dos líderes corporativos do mundo, uma renomada ex-gerente de investimentos no setor bancário, responsável por decisões de investimento muitas vezes em velocidade relâmpago sobre muitos milhões de dólares. Sua prática global *Mindfulness* no trabalho concentra-se em como estar no estar no presente: uma habilidade comercial crítica.

O Propósito de Louise — capacitar líderes e organizações inteiras a tomar melhores decisões e ser mais pró-sociais e sustentáveis — tem sido tão impactante no resultado quanto seu trabalho anterior na gestão de investimentos. Eu amo Louise por muitas razões, não menos importante é que ela é sempre completamente honesta sobre suas próprias lutas e desafios, mas também porque é uma agente de mudança. Adoro pedir a Louise para ser minha caixa de ressonância, entre fofocas, caminhadas, coquetéis e todas as coisas divertidas que fazemos juntas. Seu conceito sobre o Princípio da Simplicidade é realmente interessante:

> Para mim a simplicidade tem tudo a ver com a quietude, e com a libertação de toda a reatividade que constantemente nos pressionamos a empreender. É o espaço quântico de potencial no meio do hexágono. O espaço entre o estímulo e a resposta a partir da qual você gira.

Percebo que ela está absolutamente certa. Você nem sempre pode se livrar de tumultos ou turbulências se movendo e sendo ativo(a). Muitas vezes, você tem feito exatamente o contrário: chegado a um ponto de quietude.

Para aqueles de nós que já estão revigorados, agitados e ansiosos, pode parecer um pedido grande. Mas se nos deixássemos reconectar à escala humana e aos *limites* humanos a fim de obter alguma liberação da pressão da constante complexidade, quão maravilhoso seria? O ponto interessante sobre realmente dar a si mesmo permissão para se soltar, para ficar quieto, é que na verdade não há tanto drama ou dificuldade como você imagina que haverá.

Além de deixar entrar em sua cabeça, há também a liberação da obrigação de fazer o que realmente se faz. Isto, naturalmente, remonta a um lado anterior da simplicidade: Clareza, e a questão tanto da Decisão como dos Limites. Arianna Huffington coloca isso maravilhosamente em seu livro pioneiro *A terceira medida do sucesso*, quando fala sobre a liberação de muitas tarefas. Foi libertador perceber que eu poderia completar um projeto simplesmente deixando-o de lado — eliminando-o da minha lista de afazeres. Por que carregar esta bagagem desnecessária?[6]

Muito bem. O segundo aspecto do Reinício retoma o tema do desapego. Embora você possa pensar que eu tenha escrito errado, não escrevi. Em vez de se concentrar no cuidado, eu gostaria que considerasse o oposto: *Mind-less-ness*!

Mind-less-ness

Tempo de inatividade

Certa vez elaborei um retiro para um grupo de escritores, pensadores e indivíduos corporativos, e um ano fomos para a praia, para a bela costa inglesa cinza e ventosa de Aldeburgh, em Suffolk. Um dos oradores foi o brilhante Anthony Seldon, que se ofereceu para levar um grupo de pessoas para caminhar antes do café da manhã. Muitos concordaram porque tê-lo ali era considerado uma raridade. Este é um homem para quem a palavra multitarefa é um eufemismo: ele estava dirigindo uma grande escola na época, entre a escrita de biografias políticas, e me considerei sortuda por ele ter concordado em se juntar a nós.

O que o nosso grupo de convidados ilustres não sabia era que não se tratava apenas uma caminhada, e certamente não era uma caminhada e uma conversa. Foi uma caminhada cuidadosa, anterior aos tempos em que a atenção plena era enorme. A ideia de autoajuda holística e reflexão, do tipo que Louise Chester e outros levaram em conta, estava alguns anos fora de cena. Naquela época, as pessoas pensavam que o tempo parado significava realmente privação, não enriquecimento. Foi preciso alguém com a estatura de meu orador convidado na vida pública para começar a romper as camadas de estancamento britânico comum e até mesmo sugerir tal coisa.

Todos voltaram impressionados e energizados tanto pelo ar do mar quanto pela contemplação. Mas um convidado fez uma observação mordaz: "quem me dera que ele tivesse defendido o *mind-less-ness* em vez disso", reclamou. Demasiada reflexão interior, bem, *vamos lá*. Embora eu soubesse que estava sendo defensivo em seu cinismo (e pior, esnobe), percebi que ele, involuntariamente, tinha feito uma boa observação.

Porque, para praticar a meditação ou o cuidado seriamente, é preciso fazer algo, mesmo que seja para reservar tempo, sentar-se, caminhar, ou abrir um aplicativo. De algum modo irônico, você está *ligando* sua mente para deixá-la relaxar e *desligá-la*. Você precisa se envolver com isso. E isso me fez pensar. Por que temos a tendência de assumir que a atenção e a meditação são as únicas maneiras de alcançar a serenidade e desligar? E se tivéssemos apenas o objetivo sério de ter mais *mind-less-ness* — e se sim, qual é?

Espaço para pensar

Acho que o coração é o espaço, combinado com o senso de quietude de Louise Chester. O que você chama é, no final das contas, seu próprio negócio. É como você o faz que importa. E como você se sente. Quando você para, mesmo momentaneamente, e deixa espaço em sua mente sem direcioná-lo para pensar ou fazer algo em particular, é uma forma de reparo. Criar espaço é realmente um bom reparo para mentes sobrecarregadas.

O especialista em meditação Michael Taft uma vez fez um retiro silencioso de 92 dias e comentou que ele chama o resultado de "*minha mente não está cheia*".[7] Talvez eu esteja separando cabelos aqui, e fazendo uma distinção desnecessária. Bem, sim, estou. A linguagem que usamos para nos motivar é superimportante. Algumas pessoas simplesmente se afastam da ideia de *Mindfulness*, como meu comentarista mordaz sobre o retiro, mas será que isso realmente importa se ele encontrar outra maneira de reiniciar sua mente? Não, não importa. Você poderia dizer que a mente ou o descuido não são tão diferentes, mas como você os percebe é.

Anthony Seldon é uma das pessoas mais *atentas* que eu conheço, mas ele realmente pratica, como Michael Taft, um esvaziamento da mente. E com boa razão. O fato é que quanto mais descobrimos sobre a maneira como o cérebro humano funciona, mais percebemos que ele trabalha tão duro para reinicializar e descansar quanto para realizar tarefas específicas.

Em neurociência, a Rede em modo Padrão (*Default Mode Network*, em inglês) é uma parte recente da rede descoberta do cérebro, representando o ponto de encontro para uma série de caminhos-chave que conduzem pensamento e processamento inconscientes: o escritor cultural sobre humanos e natureza Michael Pollan descreve isso como o lugar que sua mente vai quando está se perguntando ou se preocupando.[8, 9] Eu me pergunto se serei perdoada por essa palavra: *mind-less-ness*? É uma mistura, mas a verdade é: não precisamos fazer isso de qualquer forma, quando buscamos um Reinício?

O simples desligamento

Naturalmente, a simplicidade desempenha seu papel independentemente do que chamamos de nosso tempo de inatividade. Porque, eliminando todas as possibilidades e estreitando nosso foco, podemos começar a alcançar um estado de Reinício. Quando ouço uma música clássica ou corto um único pedaço de alho como parte de alguma preparação culinária, estou simplificando minhas ações.

Ao retardar meus processos de pensamento, estou atingindo aquele estado cada vez mais vago em nosso mundo frenético: *Relaxamento*. Não julgo qual é a atividade de desligamento. Para muitos, um pouco de compras ou jogos on-line tem o mesmo efeito. Há algo aqui sobre estar em privacidade também. O desligamento pode parecer privado, talvez porque dá permissão para sermos íntimos de nós mesmos.

Fora do uniforme, fora do personagem que, até certo ponto, jogamos fora com frequência em nossas vidas, muitas vezes descubro que o sinal que envio a mim mesmo para relaxar e desligar é estar de pijama. Não me refiro a ele como uma declaração de moda, usando luxos casuais caros ou qualquer outra coisa. Refiro-me ao fato de vestir-me sem glamour, com a privacidade de minha própria casa. Não estar ligada, a fim de ser totalmente desligada.

Esta mãe corre

Já mencionei a maneira assustadora pela qual o seis mostra-se muito no esporte: o tênis tem seis jogos por *set*; o vôlei tem seis jogadores(as) por time, e uma bola de basquete feminina é tamanho 6; no críquete há seis bolas em um *over*. Mas mesmo que você não esteja trazendo ao *jogo* esse aspecto da Ação Hexagonal quando se trata de Reiniciar, o esporte é claramente uma maneira muito boa de conseguir o desligamento.

O empreendimento social britânico #thismumruns é descrito por seu fundador como um feliz acidente. Mel Bound colocou uma mensagem no Facebook porque queria um amigo para correr e ajudá-la a voltar à forma com duas crianças pequenas e uma vida ocupada e com viagens. A TMR, como é conhecida, tornou-se uma comunidade para milhares de trabalhadoras com crianças, todas postando fotos de si mesmas parecendo gloriosamente reestabelecidas dos estresses e tensões da vida cotidiana.

O slogan de suas corridas sociais é "*seu tempo, seu espaço, seu ritmo*". Embora eu não seja uma corredora, eu me envolvi muito mais no esporte ao chegar à meia-idade e entendo que não há muito mais do que fazer algo intensamente físico como o esporte por sessenta minutos. Para minha surpresa, tornei-me apaixonada pelas aulas de *spinning* e não tenho certeza se teria completado este livro no prazo sem o foco e a energia que as aulas do Psycle em Londres e Soul Cycle em Nova York me deram.

O exercício em grupo é um desligamento realmente eficaz, quando você perde seu próprio isolamento interno e pertence a outro lugar em um espaço mental muito diferente. Até mesmo a troca de roupa ajuda, como os pijamas. E confesso que, sim, não poder usar meu telefone por 45 minutos inteiros pode parecer uma verdadeira conquista!

Curiosidade

A curiosidade é, em grandes e generosas mentes, a primeira paixão e a última.

SAMUEL JOHNSON

Descanso ativo

É claro que a ideia de Reinício está ligada ao descanso real, e a ideia de descanso da maioria das pessoas é passiva, muitas vezes propensa a se deitar em um sofá para deitar-se com uma máscara de dormir. Andrew Davidson colocou isso muito bem quando disse que seu Reinício ideal vem do descanso ativo.

Andrew e seu parceiro David são grandes viajantes e especialmente grandes caminhantes, tanto nas cidades quanto no campo. Vivem em um minúsculo apartamento em Londres e em homenagem ao seu amor ao ar livre, colocaram uma pequena faixa de grama sintética em sua minúscula varanda. Se você seguir @andymakethetea no Instagram, verá que ele está frequentemente postando imagens de suas viagens. Museus, edifícios, luz. Inglaterra, País de Gales, Escócia e Irlanda, as Ilhas Britânicas, todos já visitados.

Mas também a Europa, a América, a África do Sul. Todos os lugares interessam a Andrew porque ele é infinitamente curioso sobre o mundo e as pessoas. Isto tem dois efeitos. Primeiro, faz de Andrew uma ótima pessoa para estar por perto. Ele tem uma enorme energia e empatia. Isso pode ser em parte porque tira muitas férias! Definitivamente sabe como se desligar (bom para ele). Mas isso também o torna sábio, porque tem visto muito de amplas perspectivas. Porque, quando viaja, Andrew olha em volta. Ele nota.

Notando

O psicólogo social Adam Galinksy estudou os efeitos das viagens na criatividade e concluiu que a capacidade de nosso cérebro de mudar através da neuroplasticidade significa que quando mergulhamos em outras culturas por meio de viagens, nossa saúde mental é melhorada pela abertura de novas experiências e ideias. Muitos estudos modernos mostram que as viagens de fato melhoram a mente.[10] Meu pai era um escritor e também um grande viajante. Durante sua vida, ele não amava nada mais do que visitar novos lugares e, graças a uma carreira de sucesso, foi a muitos países.

Mesmo nos anos 1990 ele viajava, com minha mãe organizando uma equipe heterogênea de médicos para emergências onde quer que desembarcassem. Minhas lembranças mais felizes da infância são de viajar com ele para Paris, para Nova York e para as montanhas no norte do País de Gales. Agora que faço muitas viagens, sinto mais saudades dele quando estou prestes a ir a algum lugar. Muitas vezes, quando estou indo para o aeroporto, eu lhe digo para onde vou e imagino nossa conversa. Sinto um nó na garganta. Ele está sentindo falta deste grande mundo!

Papai quase certamente seria capaz de me dizer algo sobre qualquer lugar do mundo para onde quer que eu vá: ele tinha um conhecimento quase enciclopédico enquanto lia tudo e qualquer coisa. Depois que morreu, eu estava separando os papéis e encontrei um pacote de diários escritos por ele na década de 1930. Sua língua nativa era o alemão, mas quando era adolescente já estava morando em Londres e começou a escrever em inglês.

Fiquei muito impressionada com um relato no qual registrou algumas observações da vida diária ao seu redor e depois escreveu, "*Vou começar a notar tudo. É disso que eu gosto. Notar*". Em outras palavras, meu pai, mesmo em tenra idade, tinha Curiosidade. Ela leva pessoas como meu pai e Andrew a serem abertas, a viajar, a se reiniciar e se regenerar.

Penso neles como turistas perpétuos — de ideias, lugares, pessoas. Para eles, a Curiosidade alimenta ideias, inspiração, energia. É mais como um jogo do que um trabalho. Apesar de envolver muita reflexão e ação, é relaxante. Meu pai, como Andrew, trabalhou muito e depois soube como parar. Ele usou sua curiosidade para ganhar perspectiva. Ao parar e fazer algo diferente, e na verdade ao notar os outros, ativamente, ainda estava descansando sua mente e seus sentidos. Era capaz de retornar ao que quer que estivesse trabalhando com foco renovado.

Natureza

De novembro a fevereiro, as abelhas descansam. Devemos deixá-las descansar, livres de irritações e distúrbios.[11]

H. J. WADEY

As colinas estão vivas com o som da música

Quando eu era criança, o filme do momento era *A noviça rebelde*. A imagem de Julie Andrews, com os braços estendidos, cantando o amor (e sim, a história é, naturalmente, sobre amor, perda, perigo e resgate), é uma das mais memoráveis da história do cinema.

Os filmes são sempre uma maneira de passar o tempo e de escapar. Esse filme tirou o público muito urbano — isto foi nos anos 1960 — de suas cabeças e entrou ao ar livre de uma forma literalmente agitada. O campo era um emblema de liberdade, fuga e segurança. E é assim.

Minha própria família vem originalmente das montanhas austríacas de Innsbruck, e na infância fomos a pequenos picos quase idênticos no norte do País de Gales. Cresci com a sorte do tempo livre no alto, no ar fresco, coletando ardósia cinza ao lado de pedras cobertas de musgo. Eu bebia água da montanha, tão clara e fresca que ainda é o meu gosto favorito no mundo. E aprendi que nada limpa mais sua mente do que uma boa, longa, lamacenta e dura caminhada — de preferência não em chuvas torrenciais, mas apenas com chuvisco suficiente para que você se sinta virtuoso.

Estudos após estudos mostram os benefícios de estar na natureza. O Greater Good Centre da Universidade Berkeley mantém registro de descobertas como o fato de que caminhar em florestas reduz o estresse e promove o relaxamento, evidenciado por menores frequências cardíacas e maior variabilidade de frequência cardíaca, e a pesquisa finlandesa de que vinte minutos de caminhada na natureza reduz mais o estresse do que vinte minutos de caminhada em uma cidade.[12]

O que me impressiona nisto é que a natureza nos ensina um pouco de humildade: você não pode manter ares e graças superiores, cargos ou "olhe-para-mim" no Instagram quando está entre todas as criaturas grandes e pequenas porque, bem, você percebe o quão tolo tudo isso é. Talvez seja por isso que quando você leva pessoas estressadas da cidade para o campo e passeia, conversando, notando, conectando-se com árvores e terra, algo estranho acontece: as pessoas deixam de fingir, e em geral começam a relaxar.

Todas as criaturas grandes e pequenas

É claro, quando você caminha na natureza, se depara com animais e insetos. Estas palavras estão sendo escritas no meio das colinas galesas nas quais tenho um campo de vacas subindo em um dos lados da janela da cozinha, e um pequeno grupo de gansos e ovelhas à espreita, nas proximidades. Em seu livro *Corpo,* Bill Bryson faz notar que, por todos os seus poderes, nada em seu cérebro é distintamente humano. Usamos exatamente os mesmos componentes — neurônios, axônios, gânglios e assim por diante —, como um cão ou um hamster.

Embora eu seja apaixonada por nossos dois gatos, Mitzi e Levi, e pelo cachorro de nossa filha, um pequeno Jack Russell Terrier chamado Dapple, nunca fui um amante de animais. Até hoje, tenho um pouco de medo de vacas e cavalos; como carne e sempre dizia, se me pedissem para doar a uma causa de proteção animal ou a uma causa de proteção humana, não sei qual delas escolheria. Ainda assim, uma vez que comecei a ler sobre abelhas e me inspirei nelas, passar mais tempo na natureza pensando neste livro e escrevendo-o alterou minha percepção das criaturas em geral.

Porque assim que você começa a se conectar tanto ao ritmo quanto ao passo da natureza e notar suas criaturas, você sente o contraste quando reaparece: esse é o resto, esse é o Reinício. Ir, se desligar de um tipo de ser, para se conectar com outro e depois voltar: maravilhoso.

Em seu livro *Not Doing*, Diana Renner e Steven d'Souza descrevem a conexão entre natureza e seres humanos, animais e descanso.[13] Uma cena em particular da Austrália ficou comigo, descrevendo uma mulher chegando a um riacho em estado de inquietação, aprendendo a se sintonizar com o meio ambiente e os cavalos de lá:

Ela notou as flores silvestres, o fluxo do riacho, o balanço dos galhos, a hesitação dos cavalos, o tremor da crina. Um a um, eles caminharam em direção a ela, ficando perto. Ficaram ali, não pastando, apenas parados em quietude relaxada.

O ótimo ao ar livre

Todo este capítulo é especialmente relevante para o que chamo de Saúde Social, que é como levamos em conta nosso bem-estar quando estamos em constante estado de conexão via dispositivos digitais, e estando "*sempre on*". Embora isto signifique, é claro, o equilíbrio que conseguimos entre estar on-line e off-line, também tem a ver com a forma como nos conectamos a nós mesmos e aos outros. Significa também se vivemos nossas vidas principalmente em cidades, em um ambiente rápido e frenético, ou se conseguimos espaço e ritmo ao ar livre.

Lembre-se que o Princípio da Simplicidade depende do equilíbrio. A natureza é o grande reequilibrador. Pesquisadores na Holanda descobriram que mesmo apenas olhar para uma imagem do cenário da natureza é suficiente para acalmar o que é chamado de sistema nervoso parassimpático. Enquanto escrevia este livro, eu me sentia mais produtiva quando estava na natureza ou próxima a ela. Embora vivesse no meio de Londres, uma das cidades mais movimentadas do mundo, ela tem alguns belos espaços verdes e meu favorito é um em que cresci, nas margens de Hampstead Heath. Uma enorme e antiga área de floresta, no meio do que hoje é o norte de Londres, é uma das grandes atrações da capital para turistas e londrinos.

Escondido no meio, em uma pequena trilha rodeada de árvores, está o Ladies' Pond, um pequeno oásis no qual mulheres muito mais corajosas do que eu nadam o ano inteiro. Mas no verão e no início do outono eu tomo banho de água fria para limpar a cabeça e focar a mente.

Estar cercada por nada além da conversa gentil de outros banhistas e compartilhar a água revigorante com um bando de patos e o céu limpo é simplesmente lindo. Eu me vi tornando minhas próprias rotinas mais simples, menos desordenadas. Queria viver os valores que estou recomendando a vocês. À medida que o fazia, comecei a mudar. Notei isso de pequenas formas. Fiquei mais arrumada. Mais limpa. Deixei de estar muito ocupada, porque fazia menos.

Tive tempo para notar o que estava fazendo de uma maneira mais calma. Não sou tão corajosa quanto Sophie Levey, que nada o ano inteiro no Mar do Norte perto de sua casa na costa (e que é conhecida por me levar aos rios de água fria galeses e rir enquanto grito em protesto) — mas estar em Hampstead Heath? Com isso eu posso lidar.

Numa época em que estamos percebendo os perigos que um mundo excessivamente complexo representa em termos de clima e de todas as formas que vivemos e consumimos, um sistema e uma vida mais simples nos acenam.

Respiração

Uma vez, em um avião, vivenciei um ataque de pânico total em forte turbulência. Lembro-me de ouvir alguém (*que afinal era eu*) gemendo alto e de me sentir totalmente desconectada do meu corpo. Quando percebi, uma assistente de bordo maravilhosa jogou todas as minhas bolsas no assento ao meu lado, sentou-se, me entregou um saco de papel marrom e calmamente me disse para respirar fundo nele. Meu pânico e minha respiração diminuíram de imediato, assim como o próprio avião parou de bater incontrolavelmente e retomou seu caminho tranquilo através do céu noturno.

Como respiramos e, na verdade, com que frequência, é bastante notável. Em seu maravilhoso livro *Corpo,* Bill Bryson explica:

> Tranquila e ritmicamente, acordada ou adormecida, geralmente sem pensar, todos os dias você inspira e expira cerca de vinte mil vezes... 7,3 milhões de respirações entre aniversários, 550 milhões ou mais ao longo de uma vida.

As abelhas melíferas, minhas garotas-propaganda da Simplicidade e da Saúde Social e, de fato, da Ação Hexagonal, não respiram realmente como tal, embora precisem de oxigênio tanto quanto nós. Elas utilizam uma rede de espaços chamada espigões, com os quais sugam oxigênio diretamente em seus corpos. Não esqueçamos que uma das principais razões pelas quais as abelhas fazem suas colmeias de hexágonos é porque sua eficiência espacial permite que o oxigênio flua bem através dele sem desperdiçar energia.

Mesmo se não hiperventilam como nós quando estressadas, as abelhas também ficam agitadas e em pânico, especialmente quando a forragem não vai bem. Acontece que o estresse das abelhas, junto com os pesticidas, é uma das principais razões pelas quais as colônias de abelhas têm estado em declínio tão acentuado.[14]

Para os seres humanos, respirar bem ou mal é claramente a chave como lidarmos bem, o que não é surpreendente, uma vez que respirar é estar vivo. De algum modo, respirar bem melhora a digestão, o sistema linfático, acalma o sistema nervoso, é um analgésico natural. Depois dessa experiência no avião, percebi duas coisas. Primeiro, eu precisava olhar para o que me deixava tão ansioso (acabou sendo principalmente a ansiedade de separação quando comecei a viajar novamente após alguns anos de pausa quando meus filhos eram pequenos). Segundo, o que era essa coisa maravilhosa que você podia fazer com a respiração para alcançar um estado de descanso e calma?

Mesmo naqueles dois minutos em altitude, eu queria saber mais. Poderia experimentar a mesma calma, sem um saco de papel e no chão? Embora eu tivesse chegado um pouco tarde à festa quando se trata de entender o quão importante é uma boa técnica de respiração, agora sou uma firme defensora.

A maneira como eu faço isso é super simples. Eu me sento ou me deito, fecho os olhos e inspiro e expiro pelo nariz. Às vezes conto para cima e para baixo até dez (ou seis!) e às vezes não. Às vezes faço uma dancinha de abelha e altero o estilo de minha respiração, respirando com força, por exemplo, e segurando-a, mas muitas vezes eu apenas, bem, respiro. Toda vez que minha atenção vagueia, apenas me concentro na respiração. Normalmente faço entre seis e doze minutos, ajustando meu timer de telefone.

Sem dúvida, a maneira mais fácil e simples de desemaranhar as complexidades que você possa estar sentindo é um pouco de respiração. Graças à miríade de websites, aplicativos, livros e ao aumento da ioga e da atenção no mundo da boa forma e da saúde, você não ficará sem opções — embora o melhor distribuidor com todo tipo de produto seja o Thriveglobal.com, criado por Arianna Huffington, e onde tenho o prazer de contribuir como editora geral. Mesmo que você seja o maior superpensador do planeta, vale a pena explorar técnicas para acalmar, sossegar e relaxar uma mente frenética apenas pela respiração.

Meu falecido irmão Joss, que só conheci em meus trinta anos (é uma longa história, mas ele era meio-irmão), era diretor de teatro. Falávamos muito sobre sentimentos, estresse e drama familiar. Ele sempre me dizia como um sinal de despedida, fosse ao telefone ou com um abraço, "*continue respirando profundamente*" e, em momentos de problemas, eu sempre penso nele e sempre faço.

Respirando fundo

Aprender a respirar corretamente para se reinicializar e se acalmar não é bem o mesmo que respirar. Esta é uma frase cuja origem ninguém consegue identificar, mas que todos entendem. "*Vamos respirar*" tende a ser algo como um freio de mão de curto prazo aplicado a uma situação. Aquele momento em um dia úmido em que uma reunião não está resolvendo nada. Ou quando você está em algo há tanto tempo, mas nada está realmente em movimento.

Respirar um pouco é uma coisa exclusivamente humana. Mais uma vez, trata-se de descansar e reiniciar algo, em vez de desligar-se completamente, como ao dormir. Penso em respirar como o momento em que você se afasta da tela e simplesmente para. Ou se afasta de uma discussão. Ou apenas faz uma pausa no meio de algo bastante intenso.

Leva um momento para se ajustar: sua adrenalina pode ainda estar correndo como se você estivesse lá, mas não leva muito tempo para se reajustar. Respirar um pouco pode alterar de maneira drástica o que acontece a seguir. De acordo com um artigo sobre emoção nas negociações da *Harvard Business Review*, em negociações acaloradas, pressionar o botão de pausa pode ser a jogada mais inteligente.[15]

Não há razão para que o conceito de respirar não possa ser estendido a situações projetadas para aumentar a perspectiva, como poderia fazer o "*mind-less-ness*". O Princípio da Simplicidade diz que você deve aplicar KISS, aprender com os sistemas e estruturas da natureza, e comportar-se como uma abelha. Portanto, que tal uma pausa de seis minutos para respirar, ou vamos nos reagrupar lá fora por um momento e conversar sobre nossas seis questões essenciais pendentes sobre este assunto, ou simplesmente lembrar a nós mesmos quem precisa fazer o que para superar esse desvio, ou voltar a bordo.

Em geral, considero a respiração como um momento para sentir vida em algo que está sinalizando, seja você, seja o foco ou o entusiasmo por algo. É uma forma de obter um pouco de controle de volta, muito naturalmente.

Mas o respirador experimentado e testado para mim, que me retarda a respiração, acalma e me restabelece, é a soneca, o cochilo... a sesta.

Cochilo

Se você quer saber qual é o meu maior dispositivo de simplicidade sobre descanso e Reinício, é o cochilo. Aqueles deliciosos vinte minutos quando se fecha os olhos e se fecha o mundo durante o dia. Um nome para o cochilo é, naturalmente, a sesta, cujo próprio nome tem origem no latim *hora sexta*, que significa a sexta hora, ou seja, meio-dia. Para mim, a sesta é algo rápido, eficaz e simples: o único acessório em que insisto é uma máscara de sono (não me pergunte o tamanho da minha coleção, mas você sempre sabe o que pode me comprar para o meu aniversário).

A importância do sono não pode realmente ser superestimada. Graças a pessoas como Arianna Huffington, discuti-lo se tornou convencional. A essência do sono é que o corpo e a mente exigem que passemos um terço de nossas vidas dormindo para que as células rejuvenesçam e se reparem, e os hormônios vitais se fixem nos níveis corretos. Os seres humanos têm sono monofásico, o que significa que dormimos em longos períodos isolados e, estranhamente, nossas amigas abelhas também o fazem. Mas a maioria dos animais tem sono polifásico, o que significa que, como seu cão ou gato, fazem a sesta.

Uma das razões pelas quais precisamos de mais cochilos agora é porque, graças à sobrecarga digital, ao estímulo intrusivo do smartphone e ao estresse, nosso sono se tornou muito mais interrompido: a conexão entre o distúrbio do sono adolescente e o tempo de tela das novas mídias é especialmente difícil. A meia-vida das mulheres é conhecida por trazer a interrupção do sono graças às mudanças hormonais durante a menopausa, enquanto a insônia ou a incapacidade de adormecer está claramente em ascensão, dado o tamanho do mercado de medicamentos para tratá-la. Quanto mais complexas são nossas vidas, mais complicada parece ser nossa relação com o sono.

Desemaranhar os elementos exatos que podem tornar o sono menos evasivo ou mais repousante é, em si, inexato e exaustivo. Por essa razão, as sestas, essas recargas rápidas, vêm muito a calhar.

De modo diferente de algumas das receitas de Reinício aqui delineadas, não acho que cochilar é uma coisa boa de se fazer em grupo — exceto para bebês embrulhados em berços, não adultos. Mas não há motivo para não ir sozinho. Todos os tipos de marcas chiques entraram no mercado para lucrar com o novo bem-estar corporativo, para capitalizar a ciência de que uma curta sesta pode reerguer e reorientar um empregado em pouco tempo. Essas são basicamente cadeiras de design com aparência futurista. Confesso que não sou exigente com minhas sestas, desde que a faça em algum lugar horizontal e, muitas vezes, faço a minha no meu carro (estacionado, assento plano, o motor desligado!) entre as reuniões.

A verdade é que um cochilo não tem que ser longo ou ocorrer em qualquer lugar especial. Um cochilo de seis minutos não é tão bom quanto um de dezesseis minutos, mas de sessenta minutos? É um pouco longo. Em geral, cerca de vinte minutos é a quantidade perfeita de tempo para a renovação. Sei que as pessoas o chamam de *power nap* (poderoso cochilo), mas a única coisa poderosa em um cochilo é a decisão de fazer um.

Por fim, o restabelecimento e o rejuvenescimento não vêm apenas do descanso, mas do contrário, da ação. E, especificamente, da diversão.

Diversão

Se você nunca o fez, deveria. Estas coisas são divertidas, e diversão é bom.

DR. SEUSS

Fuga momentânea

O dr. Seuss é um bom "estimulante" para qualquer adulto ou criança que queira um pouco de diversão. A inteligência e sabedoria contidas nas histórias engraçadas de criaturas estranhas fazendo coisas incríveis — como um elefante sentado em um ovo ou um gato com um chapéu causando o caos com crianças cuja mãe está fora — são todas uma forma de fugir para os livros.

Quase chamei esta seção de escapismo, porque quando você se diverte está escapando das normalmente sérias e pesadas preocupações e indo para uma nova área: escapar para o prazer da arte ou do cinema, por exemplo. Mas a diversão é mais do que fugir. É ser o seu Eu Combinado — quem você é, mas com um toque mais leve que o deixa renovado.

A ideia de distração é hoje em dia mal divulgada, pois a associamos à distração digital, e como você sabe certamente sou contra os zunidos e interrupções; já escrevi antes sobre o sugador de tempo comprovado que os dispositivos podem ser. Mas e quanto à distração intencional?

Fugir para um pouco de lazer ou diversão não é uma coisa ruim, de forma alguma. Na verdade, muitos marcadores físicos e psicológicos mudam quando você ri e relaxa: o hormônio do estresse cortisol cai, os níveis de serotonina que regulam o humor e o sono melhoram. Vi um vídeo maravilhoso compartilhado no YouTube sobre uma jovem raposa brincando em um trampolim embutido em um jardim de modo que estava nivelado com o chão e, portanto, um tanto disfarçado.

Ele ou ela estava claramente fascinado e surpreso com o salto inesperado e simplesmente continuava pulando sem parar. A jovem raposa poderia ter sido intercambiável com uma criancinha fazendo o mesmo. Sabemos o quanto os animais gostam de brincar, desde ursos-pardos rolando até nossos próprios cães na grama. Nós, animais humanos, também precisamos de diversão.

Muitos trabalhos acadêmicos, como o de Pressman (2009) et al., encontraram claras medidas psicossociais e físicas associadas à saúde física e ao bem-estar.[16] O que acontece quando você se diverte é que é outra maneira de respirar, de se desconectar de um modo, entrar em outro e retornar com uma mudança na energia e no humor.

Ovo e colher

Eis um pouco de diversão. A corrida do ovo na colher existe há cerca de 150 anos e se apresenta regularmente na escola e em eventos esportivos e comunitários locais. Até a ideia é engraçada: uma corrida com um ovo equilibrado em uma colher? É bem louco! Eu amo essa atividade como um símbolo do Princípio da Simplicidade, porque envolve equilíbrio e é ao mesmo tempo complicada, mas direta. Pode ser feita por todas as idades, todas as habilidades, e é improvável que você seja capaz de resistir a um sorriso se observar ou participar dela.

Diversão para adultos em um ambiente de trabalho é agora uma grande indústria, o equivalente a trazer corridas de ovos na colher para a sala de reuniões com base no fato de unir as pessoas e envolvê-las, mas também colocá-las em outro estado de espírito. Há pesquisas crescentes sugerindo que a produtividade pode ser aumentada por um subproduto da diversão: a Felicidade.

Um exemplo é uma interessante pesquisa britânica que convidou as pessoas a classificar seus sentimentos em uma escala de um a sete, sendo seis "muito felizes", e um dos principais indicadores de humor foi mostrar os esboços de comédia em grupo de um famoso comediante. Em outras palavras: quando eles se divertem, como classificam seus níveis de felicidade? Adivinhe: com notas altas.[17]

Divertir-se em grupo não tem a ver com piadas e incrível hilaridade, é claro. Pode ser sobre maneiras de divertir-se e, sim, distrair-se da sensação de estar sendo absorvido *pelas* reuniões e formatos usuais: este é o aspecto de descanso e de Reinício em um ambiente profissional. Twyla Tharp escreve em seu maravilhoso livro *The Creative Habit* (O hábito criativo) sobre um exercício que ela usa chamado *Uma dúzia de ovos*, no qual você começa a se enrolar em uma bola oval e depois se desenrola em diferentes formas de ovo, uma espécie de exercício mente-corpo com ecos de ioga, mas que lhe permite nomear posições e criar novas. Como diz Twyla: "*Não poderia ser mais simples... encanta e eleva meu espírito e me faz voltar ao óvulo*".

Não são apenas corporações ou comunidades que se dão conta da importância da felicidade para a produtividade, mas também economistas e formuladores de políticas. Tive o prazer de estar na Coreia do Sul com o Prêmio Nobel Joseph Stiglitz junto com o economista francês Jean-Paul Fitoussi e o grande campeão de políticas em torno da felicidade, Sir Richard Layard, da London School of Economics, quando todos nós falamos no Fórum do Bem-estar da OCDE, em 2018.

Todos nos divertimos muito como vocês em conferências internacionais, onde drinques de fim de noite e fofocas diurnas nos corredores lubrificam as rodas do grande pensamento. Estes três fatores estão na vanguarda dos movimentos para aproveitar a importância de bem-estar no pensamento governamental em todo o mundo. É a afirmação ousada de

Joe Stiglitz de que o PIB não é a única medida de sucesso econômico, mas também de bem-estar mais amplo, que levou a OCDE a introduzir seu Índice de Vida Melhor anual para medir formalmente tais coisas.[18]

O hexágono da diversão

Finalmente, dois objetos hexagonais com os quais eu gostaria de convidá-los a se divertirem. O primeiro é uma bola de futebol, um desenho geométrico de perfeição, composto por uma mistura de hexágonos e pentágonos. A bola de futebol moderna original (*não as mais antigas feitos com bexigas de porco*) tem cerca de 150 anos e foi feita de dezoito painéis costurados com seis seções contendo três tiras cada: aquele perfeito número seis novamente!

Considerando que mais de três bilhões de pessoas assistiram à última Copa do Mundo, tornando-a o evento de televisão ao vivo mais assistido do século XXI, estou levando em conta que você ou alguém conhecido gosta de futebol.

No entanto, se, como eu, você não gosta, talvez goste de se divertir com outro hexágono completo: a colcha. As colchas em forma de hexágono datam do século XVIII e seus primeiros nomes eram colchas de favos de mel ou colcha de retalhos de seis lados. Não consigo pensar em nada mais reconfortante, tranquilo ou divertido do que sentar-me com um grupo de amigas em colchas de seda e algodão e ecoar o *Godey's Lady's Book* de 1835 que declarou: "*Talvez não haja nenhuma colcha de retalhos mais bonita ou mais engenhosa do que o hexágono ou a colcha de retalhos de seis lados ou favo de mel*".

Tenho uma variação que economiza tempo em um tema de fabricação de colchas: uso livros de colorir para uma distração rápida e divertida. O slogan na contracapa do *New Hexagon Colouring Book* (Novo livro de colorir do hexágono) que uso é: "*Uma recompensa de hexágonos gloriosos para colorir! Como o personagem do dr. Seuss em Green Eggs and Ham (Ovos verdes e presunto), digo o seguinte a você: experimente, experimente, você verá o quanto pode ser divertido!*"

SEIS LIÇÕES

REINÍCIO

1 **Zerar.** Dormir é vital, mas o sentido de Reinício é mais amplo. Como você recarrega quando está acordado ou durante as horas de vigília está em suas mãos. Identifique o que funciona para você, a fim de zerar seus níveis de tensão;

2 ***Mind-less-ness.*** Encontre seu caminho para alcançar a serenidade, desligue e fique quieto — literal ou figurativamente. A meditação pode ser do seu jeito, mas não precisa ser o que qualquer outra pessoa faz. Descubra o que te ajuda a desligar ou o que excita e estimula seus sulcos criativos;

3 **Descanso ativo.** Busque uma mudança de cenário e deixe sua Curiosidade alimentar ideias, inspiração e energia. Observe o que está acontecendo e seja um turista onde quer que você esteja. Retorne com foco renovado;

4 **Esteja onde as abelhas e as árvores estão!** Reconecte-se com o ritmo e o passo da natureza — a grande restauradora — e note o contraste quando você emerge;

5 **Respire fundo e respire.** Às vezes, precisamos de um Reinício rápido, para não desligar totalmente. Quando as coisas se tornarem intensas, cultive técnicas para se acalmar, concentrando-se na respiração, ou respire fundo — um momento para reajuste individual ou coletivo;

6 **Encontre uma bola de futebol.** Encontre a atividade que você pode fazer que é inquestionavelmente divertida. Se não está sorrindo ou rindo no seu dia, não está tendo o suficiente!

7

Lado 4: Conhecimento

Fugir da infobesidade deve vir primeiro

As quatro etapas de uma carreira:
1. Querer e-mails.
2. Responder e-mails.
3. Temer e-mails.
4. Esconda-se debaixo de uma mesa e monte uma autorresposta que diga que você é agora um agricultor de algodão no Uzbequistão.[1]

MATT HAIG, POST NO TWITTER

Minha carreira começou na era analógica, trabalhando com máquinas de escrever quando os computadores estavam em cima de uma mesa, não em sua mão. É difícil acreditar, se você é da geração de meus filhos, um Millennial ou um Z (ou mesmo um Alfa que é o próximo a subir) mas não havia Instagram, Facebook, WeChat, WeKontatke, Bharat Student, Reddit. Não havia internet, notícias com rolagens automáticas, também não existia YouTube. Passamos seis séculos da primeira grande revolução do conhecimento, quando Johannes Gutenberg, um inventor alemão, trouxe a imprensa para o mundo. Hoje, nosso mundo explode com o conhecimento.

Torkel Klingberg, professor de Neurociência Cognitiva no Instituto Karolinska, na Suécia, disse em seu livro *The Overflowing Brain,* que "*a atenção é o portal através do qual a inundação de informações chega ao cérebro*", mas que nosso cérebro não tem "capacidade ilimitada" para prestar atenção e processá-la.[2] A crise do "muito" em termos de saúde física é chamada de obesidade quando se trata de alimentos. É por isso que é útil ver o atual estado de sobrecarga de informação como *infobesidade*.

Assim como nosso corpo fica entupido, bloqueado e mais lento devido a alimentos muito complexos em uma quantidade muito alta, o mesmo se aplica ao conhecimento. Quando está cheio de lixo (*fake news*) ou o consumimos antes de ter a oportunidade de digerir sua fonte (a internet), é fácil acumular quilos de informação que não servem para nada. E ainda assim, como a comida, ela é vital. Precisamos dela, devemos aproveitá-la. Só precisamos simplificar a forma como a absorvemos.

A ideia do Princípio da Simplicidade surgiu quando comecei a pensar na infobesidade e na crise de sobrecarga de informação. Percebi que o modo como a vida profissional comum e a vida pessoal estavam sendo perturbadas pela escala e velocidade da vida digital significava que precisávamos nos comportar de maneira diferente, assim como aprendemos a fazer em torno do que comemos e de como nos exercitamos. Daí a ideia de Saúde Social: passos ativos e práticos para administrar, controlar e organizar o que fazemos on-line e off-line. Como lidamos com o conhecimento é um teste muito bom para isso. Afundamos ou nadamos?

Eis as seis maneiras de focar esse abrangente tema: Conhecimento. Tomado separadamente ou em conjunto, deve tornar mais digerível como o consumimos:

1 **Confiança:** como distinguir os fatos da ficção;

2 **Sabedoria:** o verdadeiro valor está na experiência;

3 **Desconhecido conhecido:** como imaginar o futuro agora;

4 **Aprender:** sendo o professor e o aluno;

5 **Curadoria:** fazer um "Painel do Conhecimento" é uma curadoria da infobesidade;

6 **Lembre-se:** conhecer os limites da memória de trabalho.

Confiança

Aranhas-camelo gigantes

A "notícia" durante a guerra do Iraque de que os soldados americanos que serviam na primeira Guerra do Golfo estavam enfrentando não apenas armas, mas aranhas-camelo gigantes começou a circular por e-mail e rapidamente se tornaram conhecidas como fato. Em um exemplo precoce do que agora é conhecido como "*deep fake*", uma fotografia de um soldado, tirada em um ângulo que fazia a aranha (que ele segurava) parecer especialmente grande, foi muito compartilhada. Afinal, esta aranha é de um grupo chamado *Solifugae* e "*mesmo onde são muito grandes, no Oriente Médio, poderiam ser facilmente esmagadas sob o sapato de uma pessoa*".[3]

Boatos e fofocas não são novidade, mas a disseminação viral pela internet torna muito mais difícil o que sabemos e no que confiamos sobre o que sabemos. A confiança é invisível, mas tem laços estreitos. Se não confiamos no que sabemos, por exemplo, sobre a segurança de um avião, ficaremos nervosos para voar. Se achamos que sabemos que uma pessoa é perigosa, um assassino, mudamos nosso comportamento em relação a ele: Malcolm Gladwell escreveu brilhantemente sobre isso em seu livro *Falando com estranhos.*[4]

O jornalista britânico Jamie Bartlett, que estuda o comportamento humano na era da internet, produziu *The Missing Cryptoqueen,* uma série de podcast para a BBC sobre o dr. Ruja Ignatova, que persuadiu um milhão de pessoas a investir em um esquema falso de venda em pirâmide chamado OneCoin.[5] Dizia-se que a OneCoin era uma nova criptomoeda fundada na Blockchain (a tecnologia subjacente à moeda digital), mas, como Jamie e seu produtor descobriram, era tudo uma farsa.

O problema era que as pessoas colocavam toda sua confiança em acreditar nisso, e encorajavam os amigos e a família a investir também. Insistiam que *sabiam* que a OneCoin não era falsa. Mas, na verdade, tudo o que sabiam era que confiavam na marca e no marketing: não era a mesma coisa. A história da OneCoin é um exemplo do que a escritora Margaret Heffernan chama de "cegueira intencional".

As pessoas queriam uma solução simplista: uma maneira impossivelmente fácil de ganhar dinheiro. Muitas eram pobres e acreditavam no brilho e no verniz da respeitabilidade educada. Eles não foram os culpados por terem sido enganados. No entanto, esta história revela quantas vezes a natureza humana é enganada pela promessa brilhante de que algo complexo é, de alguma forma, melhor, porque é difícil de entender.

Don Norman, do MIT, escreve em seu livro *Living with Complexity* sobre como, de muitas maneiras, os humanos amam a complexidade por si mesmos, e dá como exemplo as regras estranhas de muitos esportes, ou os rituais em torno de como preparamos café e chá. Ele está certo.[6] Mas quando você explora esta curiosidade natural pelo complexo e a usa para defraudar, as consequências podem ser dramáticas.

Volte ao último axioma em "*Reinício*", e a ideia de *notar.* Comece a notar se pode rastrear corretamente a fonte de conhecimento, e se confia nessa fonte. Você está acreditando no que leu ou viu porque não tem nenhuma dúvida razoável ou as provas poderiam ser fabricadas? Jamie Bartlett descobriu que o carismático e ricamente vestido Ruja Ignatova parecia figurar na capa da revista *Forbes* — um fato que foi muito utilizado em marketing. Mas, numa inspeção mais detalhada, era um anúncio pago na Bulgária, manipulado em uma imagem com o slogan da *Forbes* para parecer que era uma capa editorial.

Na internet, tudo pode se espalhar tão rapidamente que a ficção pode ser aceita como fato. Na verdade, há uma enorme diferença entre cobertura editorial, sujeita às rigorosas cinco perguntas básicas do jornalismo (conhecidas como 5Ws, na abreviação em inglês) — *quem, o quê, por que, onde* e *quando* — e publicidade. A Missing Cryptoqueen expôs quantas marcas globais também foram enganadas, em seu caso *aceitando* dinheiro da OneCoin a fim de serem usadas involuntariamente para validar sua marca fraudulenta. O psicólogo Robert Cialdini chama isto de "prova social": você confia no que os outros confiam e assim perpetua o comportamento.[7]

Quando se trata de informação, especialmente quando alguém está tentando fazer com que você aja com base em informações nas quais você precisa confiar, tente mantê-la simples. Por que estou confiando nestas informações — é uma pessoa, uma marca ou informações que compreendo perfeitamente? Meu instinto me diz que isto é muito complicado para eu entender e que me pedem para confiar em alguém, uma pessoa, em vez de fatos? Há um aviso de bandeira vermelha que não consigo identificar? Muitas vezes podemos nos sentir arrastados na pressa de nos alinhar aos outros, mesmo que signifique acreditar em absoluto lixo!

Às vezes a confiança funciona de outra maneira: você confia em algo porque funciona, você pode prová-lo e, idealmente, pode vê-lo com os próprios olhos.

Colocando um estribo em um cavalo

Você precisa repensar o que sabe sobre aranhas-camelo e cavalos? Em seu livro *Alive: Digital Humans and their organizations* (Vivo: Os humanos digitais e suas organizações) Paul Ashcroft e Garrick Jones observam que "*um estribo em um cavalo é a tecnologia que deu aos mongóis uma vantagem estratégica*", referindo-se à ideia de que, quando o emparelhamento de um pequeno apoio para os pés com uma sela e uma alça foi descoberto ou criado na China na Antiguidade, toda a civilização acelerou.[8]

Comunicação, transporte e guerra se beneficiaram da capacidade da humanidade de controlar melhor um animal como um cavalo ou uma mula. Agora, talvez você saiba tudo sobre como os cavalos têm sido vitais para a história humana, e talvez até saiba que o estribo mudou o curso da história.[9]

De volta às brumas do tempo, o que quero saber é como os cavaleiros conseguiram descobrir que os cavalos com os acessórios os fizeram desempenhar-se melhor? Bem, engenhosidade humana e provavelmente muita tentativa e erro. E confiança. Alguém tinha que subir naquele primeiro estribo e tentar.

Quero que você possa dizer a diferença entre o conhecimento útil (um estribo), o que é fake, mas divertido (soldados sendo ameaçados por aranhas-camelo no deserto) e outra coisa: o conhecimento dado a você que pode ou não ser verdadeiro, mas que você confia na forma como é expresso — como opinião.

Em minha humilde opinião

O grande jornalista e comentarista Walter Lippmann escreveu uma vez que "*Não pode haver liberdade para uma comunidade que não tem meios pelos quais detectar as mentiras*".[10] Embora o próprio jornalismo admita, reconhecidamente, que isso é apenas o "*primeiro rascunho da história*", uma mídia sólida com uma reputação de confiança vai verificar seus fatos muito mais prontamente do que um post aleatório no Twitter ou um anúncio mal regulamentado no Facebook. Isso certamente deve ser verdade, mas o que acontece quando você pensa que está dizendo a verdade, mas pode, de fato, estar enganado e, portanto, enganar os outros?

Veja este livro. Tanto eu quanto meu editor Chris Cudmore trabalhamos muito para que você confie nas informações que está lendo. Chama-se verificação de fatos. Mesmo quando penso que estou certa sobre os fatos, eu os verifico, porque a memória não é confiável: você pode saber sobre a experiência psicológica que se seguiu ao ataque terrorista de 11 de setembro. Várias centenas de pessoas experimentaram a síndrome da "memória falsa", mal lembrando-se de onde estavam, com diferenças dramáticas nos relatos um ano depois. Mesmo quando somos apaixonados e sinceros em nossa crença do que é verdade, pode não ser.

Mas não estou dando aqui apenas fatos verificáveis. Também estou dando opinião, que não pode ser verificada, ou muito regulada. Você precisa, sim, confiar que sou sincera e que o contexto em que abordo meus fatos faz sentido. Neste aspecto, sou menos autora, como em "autoridade", e mais comentarista.

Nos jornais e na mídia, os superastros são os comentaristas e colunistas, que carregam salários e perfis muito mais altos do que os "âncoras", porque veiculam palavras e pontos de vista bem afinados, que são, em muitos aspectos, mais atraentes do que as próprias notícias. Esta é mais uma camada de complexidade em torno da informação e do conhecimento. Quando você aplica o Princípio da Simplicidade, reconhece a necessidade de equilíbrio no feixe do que é *complicado* e pode, até certo ponto, não ser escolhido, e o que é *complexo*, os *bits* muito mais embebidos e difíceis de serem contornados.

Portanto, você pode começar a descontrair um pouco o contexto desta visão para obter uma versão mais simples do que está vendo ou ouvindo: a agenda da pessoa que está dando a visão, ou sua mídia. Em outras palavras, faça a simples pergunta: Qual é a razão desta opinião? Por que agora? Por que não outra visão? Isso o ajudará a descobrir como muitas vezes a opinião esquece uma coisa crucial: você tem uma escolha sobre como a interpreta ou se acredita mesmo. Voltemos aos fatos. Sinto que àqueles 5Ws do jornalismo — quem, o quê, por que, onde, quando — está faltando, é claro, um sexto perfeito: sabedoria [*wisdom*, em inglês].

Sabedoria

Trabalhadores do conhecimento

De acordo com a pesquisa, um sexto de nós se encaixa na descrição "trabalhador do conhecimento".[11] Uma grande quantidade do que usamos é o que se torna conhecido como "conhecimento institucional", razão pela qual a dor de cabeça dos departamentos de RH é quando alguém sai com informações na cabeça que não se pode substituir fácil ou rapidamente: em outras palavras, sabedoria. Nossas belas amigas, as abelhas, confiam na sabedoria quando forrageiam flores e pólen. Elas buscam os melhores lugares e, como "espécie social", usam as antenas para comunicar as informações à sua colônia, incluindo como extrair o pólen, voar de volta à base etc.

Um dos meus livros favoritos sobre abelhas é *The Lore of the Honeybee* (A tradição das abelhas), escrito em 1919 por um homem com o maravilhoso nome Tickner Edwardes, um clérigo do sudeste da Inglaterra, cuja grande paixão era abelhas. Ele observa: "*Um intelecto hereditário e comunal evoluiu através dos tempos, a soma e o total de toda a experiência das abelhas desde o início do mundo das abelhas*".

Para os seres humanos, as definições de sabedoria do dicionário incluem: "*a qualidade de ter experiência, conhecimento e bom senso; a qualidade de ser sábio*". A sabedoria é mais do que conhecimento. É todo um feixe de sentidos que, juntos, nos tornam sábios. Esta talvez seja a única razão pela qual os humanos retêm uma superioridade sobre as máquinas: não importa quão avançada a Inteligência Artificial esteja se tornando (e está se tornando *muito* avançada), ainda fica atrás de nós em termos de como usamos os sentimentos e o julgamento, combinados com a experiência do mundo real. Chamamos sabedoria interior e instintiva de "sexto sentido", mas mesmo o que você pode chamar de sabedoria exterior, com base em conhecimento rastreável, não é fácil de ser apreendida.

A sabedoria não é comprada como gasolina em uma bomba de combustível, por volume ou peso. É construída e estratificada. Neste sentido, é um conhecimento sólido. Suas bordas são embaçadas e, no entanto, inestimáveis. Os serviços de segurança do governo, chamados de "inteligência" estão no mercado por muito desses conhecimentos sólidos e sábios: o que as pessoas entendem mas não podem provar ainda é o que elas *sabem*. De fato, as campanhas antiterrorismo muitas vezes encorajam o público a confiar em seus instintos, e em sua sabedoria interior de que "*algo não parece certo*".

Isto vai ao âmago do Princípio da Simplicidade. Mesmo que não consiga colocar em palavras, o que você sabe, o que acha, o que sente? O que já experimentou? Seja a abelha nisto: use suas antenas. Use seu sexto sentido. Leve para a mesa, seja a mesa da diretoria, seja o balcão do café ou a sala de reuniões. Leve o que *já sabe*. Muitas vezes noto que pessoas mais jovens ou de origens menos favorecidas não percebem a sabedoria que têm. Talvez porque eu mesma não fui à universidade, mas construí o que sei por meio de uma combinação de aprendizagem no trabalho (muitos trabalhos estranhos) e autoformação (muita leitura, muita observação, muitos mentores), sei que ser sábio vem primeiro de *dentro*.

Spelling Bee

Dito isto, acho que você nunca consegue saber muito ou parar de aprender. Sou fã daquela maravilhosa versão de fato em tamanho de mordida, o *factoide*. Grande parte do Twitter parece ser gasto (em um bom dia) compartilhando este tipo de informação leve com um link útil. Ele se baseia em um desejo humano bastante sólido de adquirir muitos conhecimentos gerais. A maioria de nós já assistiu a um programa de perguntas e respostas na TV em algum momento de nossas vidas. *Quem quer ser um milionário* foi adaptado para diferentes formatos linguísticos em mais de dois terços do mundo, em mais de 160 idiomas diferentes. Parece que adoramos ver o conhecimento de outras pessoas sendo testado e, com ele, testar o nosso. O primeiro programa de jogos de TV, nos tempos pré-internet, foi o *Spelling Bee* (Soletração da abelha — era um concurso), e seu formato de rádio foi chamado *Information Please* (Informação, por favor). Cresci com duas televisões que mostravam conhecimento.

O *Mastermind* foi deliberadamente intimidador e colocou um indivíduo em uma cadeira para ser testado em seus conhecimentos com perguntas de fogo rápido de um entrevistador severo, e o *University Challenge* foi uma chance para que os sabichões da classe média fossem colocados uns contra os outros. Parte da diversão era ver como os concorrentes eram tímidos — e como eram inteligentes. Mas foi o *Milionário* que manteve o público colado às suas telas.

Estes espetáculos certamente fizeram de seus apresentadores milionários. Nos Estados Unidos, foi publicado que o apresentador do *Family Feud*, Steve Harvey, ganhava 44 milhões de dólares. Qual é a verdadeira história por trás deste entretenimento? Fatos difíceis, com uma opção simples: Sim/Não ou Certo/Errado. A simplicidade em um mundo complexo é tão procurada que tem sido a principal fonte de entretenimento televisivo, apesar de tantos outros formatos possíveis.

Queremos saber se é possível, apenas às vezes, limitar as opções e saber qual é a resposta. Vale a pena usar esta técnica de *quiz-show* em nós mesmos: muitas vezes pode haver opções, mas não há, quando se trata disso, opções ilimitadas, mesmo se às vezes sentirmos que sim. Perguntar-se "qual é minha resposta final?" e pressionar por uma decisão e uma escolha sobre o que você já sabe é uma disciplina muito boa, e simples.

O que nos leva às agitadas águas do conhecimento que não temos.

Desconhecido conhecido

Morte por PowerPoint

Como sabemos, há desconhecidos conhecidos; há coisas que sabemos que sabemos. Também sabemos que há conhecidos desconhecidos; ou seja, sabemos que há algumas coisas que não sabemos.[12]

DONALD RUMSFELD

Assim que as palavras saíram de sua boca, eu sabia que se tornariam lendárias. Não conseguia parar de pensar na ideia de "desconhecido conhecido" e então percebi o motivo. Foi porque havia algo muito sério no meio deste jargão engraçado e complicado saindo da boca de uma das figuras militares mais graduadas dos Estados Unidos. O sr. Rumsfeld tinha razão. Às vezes pensamos que não sabemos algo, quando na verdade já sabemos. Mas ignoramos porque estão escondidos em um matagal de complexidade e deixamos de prestar atenção.

Ou temos uma fé tão cega em nossos sistemas que não achamos o impensável e perguntamos: "*O que poderia acontecer, mesmo que esperemos que não aconteça e que não pensemos que aconteça?*". Qualquer combinação dessas atitudes, muitas vezes criadas pela complexidade, pode ser mortal. Uma ilustração terrível disso aconteceu um ano após as observações de Donald Rumsfeld: o desastre do ônibus espacial *Columbia*, da NASA.

"*O Columbia é uma bela nave com um desempenho magnífico*", disse um dos astronautas alegremente na câmera, pois o ônibus estava em sua descida aparentemente normal à Terra após uma missão de rotina em fevereiro de 2003. Mas, momentos depois, como disse a BBC, "*foi tão improvável que ninguém havia considerado*", aconteceu, e o ônibus se rompeu, matando aquele astronauta e outros seis a bordo. A causa improvável e desconhecida acabou sendo um pedaço de espuma que se soltou e perfurou a asa da espaçonave: um verdadeiro acidente.

No entanto, houve outra explicação. As evidências sugerem que esses problemas de engenharia foram, na verdade, um jogo de guerra.[13] Alguém havia imaginado que isso poderia acontecer; simplesmente não achavam que ia acontecer. Assim, o cenário, *Desconhecido conhecido*, foi apresentado na NASA vários meses antes do fatídico voo. Os dados foram apresentados em PowerPoint e, nessa apresentação, a atenção dos presentes foi abandonada ou perdida.[14,15] Imagino uma sala pouco iluminada com pessoas sendo bombardeadas com informações, não sendo capazes de processá-las completamente, e sintonizando.

Como resultado, a frase "Morte por PowerPoint", cunhada para reuniões enfadonhas, tornou-se verdadeira demais. Vamos voltar um pouco para o que o neurocientista cognitivo Torkel Klingberg diz em seu livro *The Overflowing Brain:* "*A torrente de informações aumenta não apenas o volume de dados que devemos receber, mas também o volume que precisamos ignorar.*"

A filmagem da sala de controle da missão nos últimos momentos do *Columbia* é muito difícil de assistir. O diretor de voo não sabe o que sabemos. Está agindo normalmente. Atento, no controle. Não suspeita de nada. Acredita que sabe que seu ônibus está voltando para a Terra, em segurança. São vários e longos momentos até que ele perceba. E, nesse momento, você vê seu rosto. Ele tem uma única lágrima, de uma só vez, rolando pela bochecha. A câmera desvia para os outros e eles estão congelados em um vago horror. É abrasador ver cada detalhe de sua linguagem corporal, porque agora eles sabem.

Embora seja verdade que você só sabe como é perigoso algum risco externo quando ele acontece — o que Nassim Nicholas Taleb chama de eventos "cisne negro", por serem muito raros[16] —, o risco ali era conhecido; foi tão mal apresentado, e com tanta complexidade, que não foi de fato considerado um risco, ainda que fosse. Tragicamente, era o perfeito Desconhecido Conhecido.

O risco aqui para o resto de nós é claro. Você precisa imaginar e antecipar as incógnitas conhecidas, se possível. E perceber que, se sobrecarregar as pessoas, se as der um excesso de informação, elas podem perder a atenção justamente quando mais precisam dela. Olhe para sua própria situação: você consegue ver a madeira das árvores? Você estaria atento às informações cruciais que se escondem entre todas as outras? Se não, você pode simplificar seus sistemas, processos ou o enorme volume de informações para que os Desconhecidos Conhecidos venham à tona?

Como ganhar o Prêmio Nobel

Às vezes há experiências muito simples e descobertas muito simples a serem feitas usando o que está à mão.

Andre Geim

Mas agora uma boa notícia. Andre Geim e Konstantin Novoselov ganharam o Prêmio Nobel de Física quando descobriram o grafeno, o material mais fino e forte do mundo. Quando foi entrevistado sobre o trabalho que motivou essa enorme vitória, Andre Geim, um homem espirituoso e caloroso que conheci em um jantar particular em Londres, disse o seguinte:

> Para mim, é muito tedioso lidar com o mesmo assunto ano após ano.
> Então, sempre que estamos fazendo alguma pesquisa em particular, ao mesmo tempo estou olhando para o que mais pode ser feito, usando as instalações e conhecimentos que temos em mãos... O que quer que eu faça, mesmo que esteja trabalhando com grafeno o tempo todo, estou pensando: "*OK, para que mais a pesquisa pode ser usada? E, geralmente, sai algo como experimentos de tarde ou de sexta-feira à noite, onde se tenta algo muito elementar e se tenta ir em uma ou outra direção. Noventa e nove vezes em cem você não consegue, mas, às vezes há experiências muito simples e descobertas muito simples a serem feitas usando o que está à mão.*"[17]

Que exemplo maravilhoso de Ação Hexagonal! De aplicar o "elementar" para consertar algo, de abraçar a simplicidade. Claro que é um bônus que o grafeno e o carbono estejam tão amarrados a hexágonos e ao seis: o grafeno é feito de carbono, que, convenientemente é o número seis na tabela periódica e cheio do nosso sortudo número seis, com seis prótons (e muitas vezes seis nêutrons) em seu núcleo e outros seis elétrons fora. Mais da metade de nossos corpos é feita de carbono. O grafite, uma forma de carbono, é uma forma cristalina de carbono e seus átomos são formados em estruturas hexagonais. Do grafite vem tudo, desde diamantes até painéis solares.

E do grafite vem o grafeno, uma camada de carbono com espessura de um átomo que também está disposta em uma malha hexagonal tão forte que é mais de duzentas vezes mais forte do que o aço — no entanto, é o material mais fino conhecido. Desde sua premiada descoberta, o grafeno já transformou nosso conhecimento sobre sequenciamento de DNA, filtros de água, geração de energia e baterias. E esporte: o prodígio do tênis Cori "Coco" Gauff, de quinze anos, usa uma raquete de tênis feita com o material.

Não se deixe enganar pela aleatoriedade

Queria dizer, especialmente depois do exemplo sombrio do *Columbia*, que há muito sucesso em antecipar o que não se sabe e aplicar não apenas simplicidade, mas uma espécie de rendição a essa busca. Nassim Taleb é famoso por sua teoria do "cisne negro", mas também escreveu brilhantemente sobre a aleatoriedade e como abraçar o que você não sabe. Em seu livro *Fooled By Randomness* (Enganado pela aleatoriedade), ele disse:

> A probabilidade não é um mero cálculo de possibilidades sobre os dados ou variantes mais complicados; é a aceitação da falta de certeza em nosso conhecimento e o desenvolvimento de métodos para lidar com nossa ignorância.[18]

Isto se refere à fé chinesa no "fluxo" (e, de fato, por que o número seis é considerado da sorte na China, porque o número seis soa como a palavra "fluxo" em mandarim, que significa que tudo está indo bem).

Minha opinião sobre o desconhecido é realmente esta: perder algo que você poderia e deveria ter previsto é indesculpável. Mas *não* saber algo que você *não pode* saber é totalmente compreensível. E diferente. Portanto, não tenha medo de explorar o que ainda não descobriu ou pensou. Talvez a resposta seja que você precise saber ainda mais, não menos. Talvez seja a hora de se tornar um estudante, novamente ou pela primeira vez.

Aprenda

A universidade da vida

Não fui à universidade, mas sou professora. Como isso aconteceu? É uma longa história, principalmente a respeito do fato de que o "Professor Honorário Visitante" é mais um embaixador de ideias do que o professor titular de tempo integral: assim, dirijo meu pequeno negócio e escrevo e falo mais do que ensino.

Não vou entrar em minhas histórias de fracasso acadêmico épico precoce, mas certamente em algum momento meus pais estavam arrancando os cabelos de preocupação. Eu achava difícil me concentrar, mas não conseguia em especial me conectar com nada.

Estava muito mais preocupada com meu grupo social, minhas roupas, com qualquer coisa, menos com o aprendizado, e achei o sistema de exames realmente difícil e repugnante. Em nossos cinco filhos, vejo agora que é completamente normal que alguns sejam superbons nos exames e que outros os achem tão tediosos quanto eu. E como eles têm pouca ou nenhuma relação com a habilidade, talento ou perspectivas futuras.

Não fui à universidade e, em vez disso, fiz uma série de biscates em publicações, trabalhando do meu jeito e "aprendendo no trabalho", como diz o ditado. Na época, não era uma maneira padrão de aprender. Muitos amigos completavam a primeira faculdade e às vezes a pós-graduação, que eram considerados essenciais para progredir em "bons" empregos. Olho para o início da minha carreira e penso que eu era como uma criaturinha escavando através de camadas de terra para fazer meu próprio túnel.

Trabalhei com publicação, televisão, política, relações públicas e, no final, me tornei o que sou hoje: minha própria empregadora. A verdade é que há diferentes escolas de pensamento sobre se o aprendizado acadêmico formal e estruturado por um longo período de tempo em um ambiente universitário é tão bom quanto aprender no trabalho e adquirir constantemente novas qualificações e experiências.

A resposta é, claramente, que depende muito do que você está aprendendo e se pode ou não ser combinado com um trabalho diário. Não devemos cometer o erro de achar que um PDF baixado vai ter o mesmo impacto de aprendizado que um bom professor, embora a ascensão dos cursos on-line abertos massivos e do ensino à distância via internet também seja imensamente válida. No local de trabalho, as "escolas digitais" podem proporcionar formas muito valiosas de aprendizagem flexível, juntamente com o trabalho flexível.

Mas uma coisa vale a pena ter em mente: o mundo está se movendo tão rápido, e a escada de oportunidades é tão limitada, que no final pode fazer mais sentido saltar sobre ela e aprender à medida que você vai, em vez de ficar fora do mercado de trabalho enquanto espera para "terminar" sua formação. A formação, a vida e o aprendizado já terminaram de qualquer maneira?

Médico, cure-te a ti mesmo

Abri este livro com uma citação de *The Mind of the Bees* — "*A melhor abelha do mundo só pode ensinar o que ela mesma sabe*" — me tornei professora, e gosto muito de compartilhar e transmitir o que aprendi. Talvez porque pense em mim primeiro como aluna e, depois, como professora, ao observar meus alunos que normalmente estão trabalhando, homens e mulheres, tentando mudar de carreira, sinto que estou praticando o que prego.

Ser uma boa professora é ser uma boa aprendiz. Após a morte de meu pai, meu marido passou dois anos separando sua biblioteca, livros, papéis e artigos para que pudessem ser dispersos em um arquivo universitário. Meu pai era um ávido leitor. Nunca parou de aprender. Agora temos as prateleiras colocadas em nossa casa e alguns dos livros encontraram uma casa ávida com nosso filho mais velho, um estudante apaixonado por ideias. Gosto de pensar que a sede de conhecimento de meu pai faz parte das paredes agora.

Quando meu pai faleceu, soube que estudantes no Brasil, onde seu trabalho era muito popular, penduraram faixas fora dos dormitórios que diziam "Viva Hobsbawm!". O que ele ensinou nos seus livros viveria para além dele. Esse é o maior elogio que qualquer professor ou escritor pode pedir.

A lacuna de habilidades

De muitas maneiras, como fã do geométrico e do estruturado, gostaria de ter tido uma educação superior formal. Gostaria de ter trabalhado metodicamente através de uma literatura para me tornar mais conhecedora. E, no entanto, percebo que posso comunicar o que sei sem precisar ter nada além de minha própria curiosidade, aprendizagem e plateia. A sorte da personalidade e da educação me deu algo que algumas pessoas têm naturalmente e outras podem aprender: habilidades comportamentais.

Há muito a ser dito sobre a universidade da vida, agora que precisamos constantemente nos reciclar e aprender a nos adaptar à inteligência artificial, aceitando alguns empregos e substituindo-os por outros. A consultoria global de negócios McKinsey avalia que mais de oitenta por cento dos grandes líderes empresariais acham que a reciclagem e a requalificação têm que ser feitas por metade de sua força de trabalho, a fim de resolver "a lacuna de habilidades".[19] Se você planeja trabalhar em uma área muito especializada, técnica, ou se deseja seguir os passos do ganhador do Prêmio Nobel Andre Geim, precisa de qualificações de carbono duro. A revolução das habilidades técnicas não desapareceu, apenas recomeçou para o século XXI.

Mas há outras habilidades que agora são muito valiosas: as comportamentais. Do contato visual à empatia, da resolução de problemas complexos ao trabalho em equipe, confiabilidade e adaptabilidade: estas são as habilidades, em tempos robóticos e automatizados, que nos mantêm humanos, com as quais podemos aprender e melhorar.

O complexo mundo moderno do trabalho, com a Inteligência Artificial substituindo empregos antigos e com novos empregos que exigem novas habilidades, mostra que muitas das principais empresas do mundo, desde IBM e Google até EY e Hilton, estão abandonando a exigência de diplomas para alguns funcionários de nível inicial, já que classificam as habilidades comportamentais com o mesmo valor. Não somos a única espécie que se adapta e aprende.

A abelha, nossa garota-propaganda da espécie, adaptou-se para aprender com a natureza e ser ao mesmo tempo professora e estudante. Isso é bastante incomum no mundo dos insetos, exceto que as abelhas, como sabemos, são insetos sociais, e pertencem a um grupo que, portanto, aprende, compartilha e se adapta ao conhecimento.

Pode-se dizer que as abelhas estão em constante busca por reciclagem. Absorvem tudo, desde a posição do sol e, portanto, a hora do dia, até a localização e o cheiro de certas flores. Seu ensinamento consiste, de modo muito agradável, em algo chamado "dança das abelhas", na qual retransmitem para outras a localização do bom pólen. Na minha juventude, se você estudasse comunicação, era considerado nitidamente inferior às ciências técnicas. Mas, como as abelhas estão mostrando, habilidades comportamentais podem ser exatamente o que você precisa.

A revolução das habilidades comportamentais

Como você adquire essas habilidades comportamentais? Algumas, é claro, são naturais. Elas voltam ao teste de personalidade OCEAN no segundo lado da simplicidade: Individualidade. Onde você está no espectro do introvertido ao extrovertido, por exemplo, ou se você tem "adaptabilidade". Em um ou outro grau, estas habilidades podem ser ensinadas. Podem ser experimentadas e copiadas, aprendidas e praticadas. São cada vez mais valorizadas no local de trabalho.

A própria ideia das qualidades humanas como complemento às habilidades foi captada por um aplicativo de habilidades digitais de uma empresa chamada Qdooz, que aconselhei no Reino Unido quando começaram a trabalhar. A Qdooz foi criada pelo mentor corporativo britânico David CM Carter, que queria levar confiança e o conhecimento especializado em *coaching* e treinamento em escala.

A Qdooz ressalta que não só é moralmente correto "despertar o potencial" em todos, mas que as habilidades comportamentais podem aumentar em até catorze por cento os ganhos ao longo da vida. Em uma pesquisa com executivos do Reino Unido, descobriram que 92 por cento valorizam as habilidades comportamentais como um fator crítico na seleção de candidatos. Eles produziram pela primeira vez um Índice Nacional de Qualidades: "focado" e "confiável" estavam ambos no top 10.[20]

Essas palavras são importantes porque o que os empregadores querem não é complicado: produtividade. Eu também quero, tanto como alguém que emprega outros quanto como autônoma. O que quer que esteja aprendendo ou tenha aprendido, quando se trata de trabalho, a pergunta para mim não é apenas o que sabe, mas "O que você faz?".

M é para motivação

A motivação é uma ótima maneira de medir a Produtividade. Há muita pesquisa, desde os anos 1950, para apoiar a ideia de que os funcionários são mais produtivos quando estão motivados, mas gosto de um estudo acadêmico moderno, realizado em Gana há apenas alguns anos. Nesse trabalho, os pesquisadores[21] estudaram quase quinhentos professores e descobriram que o desempenho de oitenta por cento deles estava relacionado à motivação. Os autores citam a "automotivação pelos gerentes" como sendo a primeira dimensão da motivação. Bem, se você é um estudante ou autônomo, você é seu próprio gerente. E se administra outras pessoas, sabe que as coisas simples são mais importantes: se as pessoas sabem o que estão fazendo, o que se espera delas e que podem fazer razoavelmente.

No minuto em que você tem que administrar pessoas em uma situação confusa ou excessivamente complexa, a motivação (e a concentração) das pessoas cai. Assim, a simplicidade ataca novamente: ter motivação o(a) impulsiona para a produtividade. Se quiser aprender, a motivação o(a) ajudará, e se quiser ensiná-la também. Mas voltemos ao maior problema da aprendizagem, que não é o método ou o prazo: é a infobesidade.

Curadoria

O Painel do Conhecimento

O "Painel do Conhecimento" é algo que desenvolvi para ajudar os grupos de oficinas a identificar como pensar em todas as suas diferentes fontes de conhecimento. Disse-lhes para pensarem nesses seis lados de maneira semelhante às campanhas de saúde de cinco dias em torno de uma ingestão diária de quatrocentos gramas de frutas e vegetais. A única razão pela qual muitas pessoas têm na cabeça que deveriam comer cinco porções de frutas e vegetais por dia é porque foi uma campanha muito bem conduzida pela OMS e que correu o mundo todo, incluindo Reino Unido, Estados Unidos, Alemanha e França. Na verdade, não se baseia em cinco porções, mas ficou retida por ser tão precisa.

Então, o Painel do Conhecimento pergunta: *se você tivesse uma ingestão saudável de conhecimento a cada dia, ou em qualquer período, em toda a sua organização ou apenas em sua própria vida no seu próprio tempo, como seria?* É claro que você se lembra dos 6Ws do Conhecimento do início deste capítulo, quem, o quê, por que, onde, quando, do jornalismo, mais o meu sexto: *Sabedoria*. Aplique o mesmo ao seu Painel do Conhecimento. Quando você identifica seis tipos de informação de que precisa para lidar com ela, ajuda a estruturar, moldar e controlar o fluxo de informação.

Uma das formas mais seguras de evitar o lanche acidental e a construção de um estado de *infobesidade*. O que quero dizer exatamente com "infobesidade"? Bem, pense na obesidade comum, do tipo que a OMS diz ter triplicado desde 1975, e que é tão ruim para a saúde global quanto evitável.[22] A obesidade vem do consumo excessivo de alimentos que têm o tipo errado de nutrientes, aditivos, e que combinam de modo letal com exercício insuficiente. Lembre-se de que falo de Saúde Social, o estado de conexão em uma era digital. Isso é saudável? Não se muitas informações nos inundarem, nos esmagando, cheias de trechos menos que nutritivos e não confiáveis, factoides e todas as coisas que foram ditas anteriormente neste capítulo.

Assim como nossa ingestão de alimentos e nosso exercício para evitar ou reduzir a obesidade, há coisas que podemos fazer para administrar os riscos da infobesidade, e, em uma palavra, é a Curadoria. A curadoria está para a infobesidade como o controle da porção está para a obesidade física. A curadoria reduz e corta o tecido gorduroso do ID: informação demais. E um Painel de Conhecimento é como um carburador ou um aplicativo de contagem de calorias: ajuda a manter o controle.

A chave para o Painel de Conhecimento é a variedade de grupos de conhecimento, assim como os grupos alimentícios. Você deve visar a uma mistura de tópicos — digamos três que cobrem notícias e opiniões, qualquer que seja sua especialidade — e depois algum entretenimento geral ou o que chamo simplesmente de "*Zeitgeist*".

Então, uma mistura de mídias: porque um post no Twitter ou um blog são como um lanche se comparados à refeição de uma leitura longa, e ouvir um podcast ou assistir a um TED Talk não é bem o mesmo que ler um livro completo. O tipo de conhecimento é importante na forma e no conteúdo. Portanto, vamos dar apenas uma olhada no próprio rio da informação e como a Curadoria pode começar. Está tudo realmente no Princípio da Simplicidade: Mantenha simples, querido(a), e *menos é mais.*

Quebre seus padrões

Pergunte-se como você chegou a ler este livro. Ou alguém o recomendou, ou um livreiro o comprou e o colocou em suas prateleiras. Ou você o viu graças ao tipo de recomendação fundamentada em algoritmos que diz: "*comprados frequentemente juntos*". Seja como for, é uma forma de Curadoria, de simplificar uma enorme gama de possibilidades para algumas poucas. No caso da arte, dos jornais ou mesmo do conteúdo deste livro, a Curadoria está constantemente em ação: selecionando o que colocar e o que deixar de fora.

Já quebrei muitos padrões a fim de trazer-lhe (esperançosamente) as palavras certas. Diariamente sei que muitos curadores estão trabalhando para me trazer as coisas que leio à velocidade que a curadoria é feita: Tortoise Media, Brainpickings de Maria Popova, Thrive Global, Flipboard são exemplos para mim, mas também sites de mídia e aplicativos tradicionais. Quando abro uma revista de moda ou aplicativo, conto com alguém fazendo curadoria "do visual" para mim e dizendo onde comprá-lo.

Ter outros curadores para você é ótimo. Mas e quando você precisa filtrar informações e saber o que é importante para você mesmo? Como você pode criar seu Painel de Conhecimento? Saber o que colocar exige que pense primeiro no oposto: o que deixar de fora. Acho que antes que possa aprender em que deve prestar atenção, ou pedir aos outros que se concentrem em você, você deve matar alguns queridos. Vejam isso da perspectiva da política de escritório. Você pode ter quinze minutos com seu chefe. Pode estar absolutamente ansioso(a) para tirar um monte de coisas do seu peito, mas não pode: *você só tem esses quinze minutos. O que você mantém e o que descarta*?

Vamos lembrar o que aconteceu com a apresentação em PowerPoint na NASA que continha informações vitais que na verdade prediziam o "impensável", que acabou acontecendo: um pedaço de espuma perfurando o tanque de carbono do *Columbia* em sua descida à Terra a uma velocidade incrível. Vi os slides em PowerPoint reais nos quais esta informação foi incluída e é uma confusão visual. É uma bagunça. É uma desordem.

Parece complicado. Quando olhamos para nossos limites cognitivos humanos básicos, o que nosso cérebro pode processar, podemos ver que não era que o impensável fosse descartado como um risco baixo: provavelmente mal foi notado. Muitos dados importantes foram parar naqueles *slides*, e foi muito com que lidar.

O PowerPoint continua a ser o formato principal quando dou palestras ao redor do mundo, mas aprendi que a simplicidade é vital desde o início, se eu quiser atrair e manter o interesse. Não posso por um segundo supor que tenho a atenção do público, porque adivinhe só? Eles estão em um mundo onde *todos* estão competindo por sua atenção (é chamado de Economia da Atenção). Como disse no início deste livro, comecei a testar a melhor maneira de apresentar minhas informações e descobri que compartilhar meu conceito de Ação Hexagonal com hexágonos reais realmente funcionou.

Não está desordenado. Ou complicado. Deixa meus pontos falarem e se defenderem. A parte complicada, selecionando e fazendo a curadoria dessas palavras, foi feita em meu próprio tempo, trabalhando. Mas quando estou diante de um público, preciso me concentrar não no que coloco dentro, mas também no que estou preparada para colocar para fora. Assim, o Princípio da Simplicidade ajuda você a voltar para casa sem se desculpar sobre o que pode abandonar para se tornar real e *mantê-lo real*. Há muita atenção lá fora. E muito tempo. E só assim qualquer um pode se lembrar.

Lembre-se

A Guerra dos Seis Dias

Uma amiga ficou no meio da Piccadilly Circus gritando: "*Qual foi a data da Guerra dos Seis Dias*?". Não era um questionário de conhecimento geral: ela precisava da data exata. Por que precisava da data exata? Porque era o número PIN de seu banco (a resposta? 1967). Hoje, a maioria de nós tem sorte de lembrar nossos números de segurança, porque temos muitos, e mesmo quando lembramos, vivemos com medo do roubo cibernético e do compromisso. Eis outro número seis para você: o custo de seis trilhões de dólares do crime cibernético estimado antes deste século chegar à idade adulta e a 2021. Estamos presos a uma espécie de roda interminável de ansiedade para manter seguros os números crescentes que temos para evitar ser invadidos.

É claro que não há uma guerra de seis dias para manter nossos dados seguros, mas uma batalha de 24 horas por dia, sete dias por semana. Uma das formas mais óbvias em que a complexidade torna nossas vidas difíceis está no modo como nos tornamos dependentes e confiantes em diferentes sistemas eletrônicos, senhas, software operacional e assim por diante. Como o autor de *The Overflowing Brain*, Torkel Klingberg, coloca tão bem: "Devemos nos preocupar com um fluxo de informações cada vez mais excessivo e sobreposto que deixa o membro médio de nossa espécie cada vez mais distraído e desorientado".

Embora haja algo como um bom estresse — chamado *eustress* —, pessoalmente acho que o gerenciamento da sobrecarga de dados digitais é uma das coisas mais estressantes. Posso sentir meu batimento cardíaco acelerar quando me vejo buscando por logins, ou não consigo baixar algo que funcionou bem em meu laptop, mas não no meu tablet. Graças ao armazenamento em nuvem, a tarefa de encontrar os lugares nos quais tenho senhas ocultas diminuiu, mas então o número de senhas necessárias aumentou, assim como a preocupação de que, a menos que você tenha uma diferente para tudo, quando você sabe se uma de suas contas não foi comprometida?

Tudo isso significa que precisamos urgentemente de novas estratégias para lidar a um nível muito prático com a questão da memória. Manter as coisas simples é um antídoto óbvio. Mais dispositivos, mais plataformas, mais programas de software, mais atualizações, mais códigos de acesso são a receita para o estresse do tipo ruim. Do tipo hipertensão arterial. Por favor, tenha em mente a questão da memória de trabalho e o quão finita ela é.

Então isto significa limitar o número de senhas às seis perfeitas ou menos e realmente perguntar se está colocando muita pressão em sua memória para que ela simplesmente aguente? Embora a pesquisa dos ativistas do Alzheimer tenha mostrado que há uma série de situações estressantes na vida que podem desencadear respostas semelhantes às da doença de Alzheimer real — tais como desemprego de longa duração, dívidas ou agressão sexual —, a pesquisa também mostra que a sobrecarga do cérebro pela constante "troca de tarefas" causa respostas semelhantes ao estresse cerebral. Usando o fMRI — imagem de ressonância magnética funcional — para estudar a atividade cerebral em tempo real, pesquisadores do Departamento de Psiquiatria de Yale descobriram que:

> A sobrecarga do sistema de memória de trabalho estava associada a vários graus de declínio subsequente na precisão do desempenho e à redução da ativação de regiões cerebrais centrais tanto para o desempenho da tarefa como para a supressão do efeito negativo.[23]

Em outras palavras: você simplesmente não pode lidar com muita informação. Não só não se lembrará dela, como ficará estressado e não se lembrará.

FUHGEDDABOUDIT

Adoro a palavra *fuhgeddaboudit* (expressão para "forget about it"), na qual ouço a vibração nova-iorquina de Robert De Niro em filmes de gangsters. De qualquer forma, segundo o Dicionário Urban significa: "Esqueça — a questão não vale o tempo, a energia, o esforço mental ou os recursos emocionais". Decidi há algum tempo que, se tivesse que me esforçar muito para me lembrar de algo, talvez fosse porque eu não quisesse, não precisasse ou tivesse que encontrar uma solução. Nesse caso, precisava fugir de tudo. Pode-se dizer que é um slogan perfeito para o Princípio da Simplicidade junto com o KISS (mantenha simples, querido(a)).

Não pense que você tem que enfiar cada vez mais informações em sua cabeça. Em vez disso, confie em si mesmo(a) que você, de fato, se lembrará do que precisa. Árvores e abelhas se lembram de como fazer as coisas. Nossos corpos se "lembram" das experiências. Eu me lembro claramente da experiência de entrar no meu segundo trabalho de parto, da minha filha, e ter um momento de pensar e sentir simultaneamente, que foi algo assim: "*Oh, eu me lembro. Esta é a sensação que se tem. Sei o que vai acontecer a seguir*".

Você pode pensar que é óbvio, mas tive um parto muito complicado do nosso primeiro filho e não pensei que lembraria muito a respeito. Passei dois dias sendo induzida com nossa segunda filha e assim assumi que a experiência seria bem diferente. Mas uma antiga memória física foi desencadeada e então meu corpo (seguido de perto pelo meu cérebro) de fato soube. Ele se lembrou. Você sempre se lembra dos nascimentos de seus filhos, é claro, e das datas de seus aniversários. Nossa filha, Anoushka, teve uma memorável que é a simplicidade e simetria combinadas: 01/01/01. Ao dá-la em países que escrevem o dia e o mês ao contrário, por exemplo, permanece inequívoca. Acontece que 1º de janeiro é também o "aniversário" em que você provavelmente será designado se chegar como refugiado em um novo país sem comprovação de sua data de nascimento. Sou filha de emigrantes e gosto do marco de aniversário compartilhado que nossa filha tem. E não é difícil de lembrar!

Bola com efeito da Complexidade

A complexidade pode ser suficientemente básica — um pouco de preenchimento de formulários —, mas ainda pode lançar bolas com efeito. Um ano, a Apple teve que emitir um aviso aos usuários de modelos mais antigos quando o horário de verão entrou em vigor na Europa, porque um aspecto de seu programa tinha uma falha que significava para todos os efeitos e propósitos que não conseguia lembrar como se conectar on-line se esta mudança não fosse feita manualmente. Ou algo parecido: até a explicação parece complicada! Mas a memória do computador às vezes é ainda pior do que a da espécie humana.

A Microsoft tem irritado os clientes durante anos com atualizações, o que significa que sua memória Outlook muda. Você pode pesquisar em um dispositivo e encontrar um resultado diferente de outro. Loucura. Chamo este tipo de coisa de "Bola com efeito da Complexidade", porque justamente quando você menos espera ou precisa, uma enorme chave eletrônica pode ser jogada nos trabalhos. De alguma forma, a sensação é pior porque estamos sempre ouvindo de designers de software e de nossas marcas digitais como as coisas são simples e diretas (lembre-se: simplicidade vende).

O uso de curvas em geometria é interessante para nós, aficionados pelo Hexágono, porque representa um desvio das linhas retas que conhecemos e amamos. Uma bola com efeito é o inesperado. Acho que as pessoas ao nosso redor que se divertem com a complexidade, que olham para nós e balançam a cabeça tristemente e dizem, "*toda essa simplicidade está ótima, mas, na verdade, a vida é um pouco mais complicada do que isso, não acha?*", precisam reconhecer que a complexidade é uma bola com efeito gigante.

Quanto mais você faz, mais complicado faz as coisas. As bolas com efeito da Complexidade criam consequências involuntárias e fazem você se desviar de seu caminho. Não há uma maneira mais simples de dizer. Se você precisa se lembrar mais, e seu cérebro não pode acomodar isso além de usar todo o treinamento possível — e este livro sugere as seis maneiras que devem ajudá-lo a conseguir mais com menos energia —, então talvez você precise apenas *deixar ir*.

Significa tentar lembrar menos, armazenar menos, conectar menos e se lembrar de uma coisa: cuidar de nosso computador interno, aquele objeto complexo, desordenado, confuso, limitado e magnífico em nossas cabeças. Apenas isso.

SEIS LIÇÕES

CONHECIMENTO

1 **Priorizar a confiança.** Para decifrar os fatos da ficção, tente mantê-los simples. Comece perguntando se há mais do que se vê — você está sendo intencionalmente cego porque quer acreditar naquilo? Afaste-se: você pode rastrear a fonte do conhecimento e confiar nela?

2 **Use suas antenas.** A sabedoria combina experiência, sentimento e conhecimento. Seja a abelha: use as antenas. Use seu sexto sentido. Leve isso para a mesa, seja a da diretoria, o balcão do café ou a sala de reuniões. Leve o que você *já sabe*.

3 **Procure por Desconhecidos conhecidos.** Imagine e antecipe o Desconhecido conhecido se puder. Aceite que há Desconhecidos conhecidos... mas não seja flagrado ignorando a possibilidade de um sobre o qual você possa fazer algo afinal de contas.

4 **Junte-se à revolução das habilidades comportamentais.** Aperfeiçoe suas habilidades técnicas, mas não descuide das habilidades comportamentais. Você consegue negociar bem, manter uma boa conversa, mostrar sua empatia?

5 **Use um Painel de Conhecimento.** Corte através do tecido gorduroso do ID (informação demais) enquanto também fornece variedade e diversidade, ingredientes cruciais para a Saúde Social e para a saúde física.

6 **Evite as bolas com efeito da complexidade.** Mantenha o foco no que precisa saber e possa se lembrar (não exceda sua carga cognitiva) em vez de jogar bolas com efeito da Complexidade.

8

Lado 5: Redes

Diversas redes importam mais que networking

Preencha sua vida com pessoas diferentes de você. Depois de sair da escola, você escolhe o tipo de pessoa com quem vai estar, em vez de ser forçado a estar com ela.[1]

KUMAIL NANJANI em um DISCURSO DE PATRONO

A espécie humana é uma espécie social. Com quem vivemos e trabalhamos, de quem gostamos ou não, como nos comunicamos uns com os outros, tudo é feito usando nossas habilidades sociais, incluindo língua e cultura. Mostramos, compartilhamos, exibimos, tudo de uma maneira que são simples reflexos de sinais sociais profundamente complexos. No entanto, nós, humanos, somos fundamentalmente simples em nossa necessidade básica de nos conectarmos. Uma vez que temos comida, abrigo e segurança, precisamos de amor para sobreviver.

O neurocientista Matthew Lieberman mostrou que o cérebro humano tem um funcionamento motor permanente que se preocupa, sempre, com suas experiências sociais.[2] Sua pesquisa tem sido capaz de demonstrar que experimentamos perdas e angústias emocionais muito semelhantes à própria dor. Não é surpreendente que a tecnologia tenha dado à raça humana a as redes sociais, porque existimos nelas o tempo todo antes do surgimento do mundo digital. Os seres humanos têm feito redes sociais em tempo real, desde o início dos tempos.

Portanto, não é surpreendente que nos comuniquemos em redes sociais muito avidamente. No momento em que escrevemos, sessenta bilhões de mensagens são trocadas todos os dias apenas nas plataformas Messenger e WhatsApp, do Facebook. Os inteligentes projetistas de algoritmos que alimentam nossa química cerebral com golpes de dopamina descobriram formas fantásticas de replicar eletronicamente nossas necessidades naturais.

A GlobalWebIndex informa que o usuário médio de mídia social agora gasta 2h16min por dia em plataformas sociais, o que equivale a cerca de um terço de seu tempo total de internet e um sétimo de sua vida acordado. [3]

Neste capítulo, espero ajudá-lo(a) a recuperar o equilíbrio entre as redes que você mantém on-line e off-line e a começar a apreciar a diferença crucial entre networking, uma forma bastante humana e artificial de se conectar com os outros, e compreender as próprias redes. Há uma grande diferença! As redes refletem a própria essência da natureza, e da forma Ação Hexagonal dos padrões conectados. Praticamente tudo — inclusive as pessoas — é governado por leis de redes. Nosso transporte e nossa infraestrutura são todos construídos em redes que espelham as estruturas de rede do mundo natural, desde árvores até cristais em forma de hexágono na química (cobre, ouro, chumbo, prata estão entre os metais que construímos a partir dos quais todos têm estruturas elementares em forma de hexágono).

As árvores ilustram perfeitamente o que é chamado de efeitos de rede. Na superfície, uma floresta é formada por milhares de árvores individuais, mas por baixo delas estão todas conectadas por uma rede de raízes interligadas. O "sussurrador de árvores" alemão Peter Wohlleben, cuja pesquisa sobre redes de árvores está sacudindo a comunidade científica, descobriu em seu livro *A vida secreta das árvores* que elas dependem de uma rede de relações que são notavelmente relacionáveis a nós.[4]

A este respeito, as árvores podem ser chamadas "sociais" e, no entanto, é claro que não são animais. Portanto, uma das razões pelas quais as abelhas melíferas são as garotas-propaganda da simplicidade é que elas mesmas são criaturas sociais: apesar de serem tão pequenas, tão aparentemente sem palavras, comunicam-se umas com as outras e constroem vidas juntas de formas que podemos reconhecer e nos relacionar. As abelhas utilizam qualquer tecnologia disponível — as antenas são sensores naturais extremamente sofisticados — a fim de se comunicarem umas com as outras, mas nunca às custas de estarem juntas pessoalmente.

Ou talvez eu devesse dizer, *abelhamente*. A ideia de ser a abelha, e de fato de construir e pertencer, é fundamental para o Princípio da Simplicidade, como expliquei antes.

Nesta seção, as redes da Ação Hexagonal se inspiram bastante nas abelhas, indo além do que normalmente se pensa como rede e focalizando mais no que sabemos sobre a ciência natural das próprias redes:

1 **Hierarquia da comunicação:** usando todos os seis sentidos ao se comunicar;
2 **Superorganismo:** as espécies sociais que somos;
3 **Redes:** as redes no local de trabalho são vitais;
4 **Capital social:** evitar câmaras de eco para mais igualdade;
5 **Salões:** antigas cafeterias em novas cafeterias;
6 **Seis Sociais:** com quem contar mais em assuntos.

Hierarquia da comunicação

Mantenha real

Você pode não achar apropriado associar o amor ao, digamos, seu chefe, seu colega de trabalho ou seu colega de quarto, mas substitua essa palavra por "conexão" e talvez você entenda a situação. Temos que estar conectados aos outros ou não temos um bom desempenho como humanos. O papel da prisão é excluir um criminoso da própria sociedade, da família, dos amigos, como a própria essência da punição. E a "solitária" é o pior nível de sanção que um prisioneiro recebe se se comportar mal: estar totalmente sozinho é entendido universalmente como sendo muito difícil para nós, humanos.

Na verdade, ser social é uma forma básica de sobrevivência. Através do escaneamento de imagens da atividade cerebral, o professor Lieberman descobriu três redes neurais chave que colocam nossa conexão no centro de nossos sentidos cognitivos, desde: 1) registrar a dor social e o prazer; 2) ler emoções e prever comportamentos; e 3) nossas crenças e normas culturais. Como ele diz em seu livro *Social*: "Estar socialmente conectado é uma necessidade com um N maiúsculo".

Desenvolvi meu modelo de Hierarquia de Comunicação para nos manter concentrados exatamente em quanto tempo estamos ou não conectados em tempo real com pessoas reais (lembrando que é importante *manter real*).[5] Sim, você pode alcançar muitas pessoas se publicar nas mídias sociais e ganhar "likes", "compartilhamentos" e "comentários", mas não é o mesmo que usar seus sentidos para ver, cheirar, tocar ou ouvir outra pessoa fisicamente, ou experimentá-la (ou experimentar comida com ela). E é claro que a mídia social é muito ruim para o sexto sentido, pois é superdifícil usar seu instinto on-line: um comentário, post ou e-mail é um instrumento muito embotado.

A Hierarquia da Comunicação é simples. Imagine uma pirâmide em que o topo é a forma mais exclusiva e valiosa e a base a menos.

Estar frente a frente em um mundo do Facebook

Mesmo que seja muito mais demorado fazer as coisas frente a frente, e que você obviamente alcance menos pessoas, é aí que reside o verdadeiro valor: estar frente a frente em um mundo do Facebook. Serei direta ao dizer que, embora reconheça os benefícios das mídias sociais, e eu mesma seja uma ávida usuária, acho que é um meio inferior a estar em uma sala com uma pessoa, frente a frente.

O psicólogo evolucionista Robin Dunbar, da Universidade de Oxford, é um homem que tem um número com seu nome: o número de Dunbar.

Porque sua pesquisa tem mostrado consistentemente que o número máximo de relacionamentos que os humanos podem ter em determinado momento é de cerca de 150. Fui falar com Robin, em seu escritório lotado em Oxford, para uma série de rádio da BBC que escrevi e apresentei chamada *Networking Nations*. Ele havia feito algumas pesquisas recentes especificamente em torno das mídias sociais versus o frente a frente e disse:

> A mídia social certamente ajuda a diminuir a taxa natural de decadência na qualidade do relacionamento que se estabeleceria, uma vez que não podemos prontamente encontrar amigos frente a frente. Mas nenhuma quantidade de mídia social evitará que um amigo acabe se tornando "apenas mais um conhecido" se você não se encontrar frente a frente de tempos em tempos. Há algo de primordial nas interações frente a frente que é crucial para manter as amizades. Ver o branco dos olhos deles de tempos em tempos parece ser crucial para a forma como mantemos amizades.[6]

Há outro benefício claro em estar fisicamente no mesmo espaço: ser físico. Por exemplo, as pesquisas mostram que o toque, e especialmente um abraço, é incrivelmente poderoso para reduzir o estresse e construir confiança.[7] Você pode imaginar que dar um abraço na sala de reuniões não é uma boa ideia, ou tocar o braço de alguém que é seu superior, mas , de fato, é: a conexão física que obviamente não pode acontecer on-line é a receita mágica, a coisa mais humana que você pode fazer em uma era de máquina. Se você pode observar a Hierarquia da Comunicação, isso significa usar a essência do Princípio da Simplicidade: **manter simples** e **manter perto da natureza**.

Sem filtro, como se diz no Instagram. O problema de estar on-line é tamanho que leva muito tempo, energia e estratégia para simplesmente lidar com ele (se não quiser ser sugado e estar on-line o tempo *todo*). E essa energia, tempo e estratégia poderiam ser mais bem utilizados em outro lugar. Para cunhar a frase "seja o seu melhor", o humano é um eu incrível, se você deixar esse eu social ser mostrado plenamente.

Superorganismo

Os melhores polinizadores cruzados do mundo

Vamos dar um passo atrás em relação aos aspectos práticos do e-mail e das redes sociais por um momento, de volta ao mundo natural. Os biólogos chamam os seres humanos e nossa espécie social semelhante, as abelhas, de superorganismos, o que significa que cooperamos uns com os outros e estamos socialmente interligados. Ou seja, vivemos, trabalhamos, nos comunicamos e, criamos, construímos e fazemos coisas juntos.

Toda as espécies de abelha (todas as 25 mil variedades) foi declarada a espécie mais importante do planeta pela Royal Geographical Society devido a seu papel na polinização de plantas e flores. A capacidade de mergulhar e sair de diferentes fontes de pólen se espalha pelos efeitos da rede da natureza, afetando o que as plantas precisam para crescer.

Além da realidade vital da polinização, há também as melhorias da vida cotidiana. O biólogo e conservacionista Thor Hanson, que escreveu um excelente livro sobre abelhas chamado *Buzz*,[8] analisou um Big Mac, do McDonald's, e concluiu que quase todos os ingredientes se baseavam na polinização das abelhas: desde a páprica do molho até a alface americana, tudo, exceto o pãozinho e a carne, estava relacionado à polinização das abelhas. Imagine comer um hambúrguer sem tempero ou adição de ingredientes naturais que não fosse carne pura ou grãos: o McDonald's sabe como satisfazer seu paladar. Seu argumento é que mais de 150 cultivos requerem ou se beneficiam da polinização, sem a qual muito do que nós saboreamos seria bastante monótono e entediante.

A polinização cruzada é também um exemplo clássico de efeitos de rede, assim como, bem, pólen, dissemina. Também gosto de pensar nos humanos como sendo grandes polinizadores cruzados. Difundimos ideias, valores, cultura, língua e tradições. Se não compartilhássemos desta maneira, não poderíamos construir um mundo. Graças ao compartilhamento social e à polinização cruzada de ideias, especificamente à generosidade de Herminia Ibarra, professora "Charles Handy" de Comportamento Organizacional da London Business School, ela me levou ao trabalho de sua colega acadêmica Selin Kesebir exatamente sobre este tópico.

The Superorganism Account of Human Sociality: How and when human groups are like beehives (O relato do superorganismo da socialidade humana:

como e quando os grupos humanos agem como colmeias) aponta que "Em qualquer nível de organização, a consolidação do poder pela cooperação com outras unidades no mesmo nível pode levar a uma enorme vantagem competitiva" e que, como as abelhas, "os seres humanos são colaboradores extraordinários, capazes de empreender ações coletivas envolvendo milhares ou mesmo milhões de pessoas".[9]

É claro que ficar próximo à geometria e ao padrão da natureza é fundamental tanto para o Princípio da Simplicidade quanto para a técnica da Ação Hexagonal. As estruturas subjacentes das redes da natureza, das abelhas às árvores, ilustram o poder do comportamento conectado e colaborativo. Aqui está uma ilustração humana muito boa disso, também em ação.

Wild Boars

Na Tailândia, no verão de 2018, os olhos do mundo estavam fixos no sistema de cavernas de Tham Luang na Tailândia, perto da fronteira com Mianmar. Preso em uma saliência de rocha, no fundo, estava o time de futebol Wild Boars, de doze garotos e seu treinador, que se aventuraram nas cavernas cerca de duas semanas antes. Era a época das monções. A água estava subindo e os níveis de oxigênio, caindo. Nem todos os meninos sabiam nadar. O tempo estava se esgotando. Todos temiam o pior. O que salvou os meninos foi um exemplo perfeito de um superorganismo humano, de uma equipe que se uniu naturalmente e trabalhou em torno da complexidade da natureza para encontrar uma solução simples. Eles conseguiram. Os meninos saíram vivos.

O resgate da caverna tailandesa foi um exemplo impressionante do que o físico Albert-László Barabási chama de "redes sem escala" — redes que continuam se replicando e ficando maiores.[10] Em dez dias, a rede que ajudou a resgatar os meninos havia inchado para dez mil pessoas de mais de vinte nações. Eles tinham habilidades incluindo meditação (para acalmar os meninos), medicina e escalada em rocha; e havia especialistas do Exército, da Marinha e em cavernas.

A rede implantou novas tecnologias de ponta, como drones, scanners sonares e rádios com soluções de redes interligadas que operam em múltiplas frequências, e os antigos "Hey Phones" de cavernas dos anos 1970. E a tecnologia mais antiga de todas: a capacidade de organização do superorganismo.

Redes que se unem dessa forma e utilizam tecnologia, comunidade e comunicações de forma oportuna são um exemplo da estratégia da ONU, "Não deixar ninguém para trás", para atingir as metas de desenvolvimento sustentável. Considero-a um exemplo de Saúde Social em ação. Estes humanos conectados uns com os outros, usando a tecnologia disponível para aproveitar os três elementos críticos que chamo de "O nó", no qual o conhecimento certo adicionado às redes certas no tempo certo ajudou a tirar todos de lá com segurança, antes do prazo da subida da água e da queda de oxigênio.

Os meninos foram puxados através das cavernas utilizando roldanas instaladas por experientes escaladores locais. Eram sedados e alternadamente transportados, deslizados e puxados como em uma tirolesa sobre e, às vezes, sob a traiçoeira água ascendente. Os Wild Boars foram salvos pelo comportamento de superorganismos. É uma história tão inspiradora!

Redes

Trabalhando na sala

Durante décadas trabalhei no campo das redes sociais, do tipo que acontece em salas reais e não em salas de bate-papo, e quando fui nomeada professora visitante honorária em Networking na Cass Business School de Londres foi uma novidade mundial. Na época, eu considerava isso como uma pequena vitória para a ideia de redes de relacionamento frente a frente em um mundo de redes sociais, até porque durante anos várias pessoas haviam começado a acreditar que as redes sociais eliminariam a necessidade de qualquer outra coisa. É claro que nada poderia estar mais longe da verdade.

Uma pesquisa no *Journal of Experimental Psychology* mostrou que você tem 34 vezes mais chances de receber o que pede se pedir pessoalmente do que por e-mail.[11] Suspeita e falta de empatia são fatores que contribuem, mas também o excesso de otimismo por parte dos que enviam o e-mail. Isso me diz que realmente botamos fé demais quando se trata de pensar que as formas eletrônicas de contato com as pessoas em rede funcionam melhor do que as presenciais.

A dificuldade é que muito do que é chamado de networking é incrivelmente difícil de fazer, não é tão divertido quanto as pessoas dizem, e por isso as pessoas preferem se esconder atrás de redes baseadas em telas. Qual é o problema? Bem, em uma palavra, timidez. Não foi há muito tempo que muitos de nós usávamos uniformes para trabalhar. Alguns ainda usam, é claro, particularmente no chão de fábrica ou na loja. Mas a maior parte de nós se veste informalmente.

Só que ter um uniforme pode parecer tanto uma identidade quanto uma proteção. Quando sua empresa o envia para um "evento de networking", você pode se sentir muito exposto. Como se tivesse que ser um vendedor que canta e dança quando na verdade queria apenas ficar no canto da sala (eu mesmo já tive muitas experiências assim, apesar de ser tecnicamente uma extrovertida).

É humano sentir-se tímido. Mesmo que você seja alguém que se sinta à vontade socialmente e adore a ideia de trabalhar na sala, o que é o sucesso, além de se divertir? Nunca é realmente claro. O networking nunca deixou de parecer para muitas pessoas como um código que não se pode quebrar, e temos que começar a falar e pensar muito diferente sobre isso no trabalho.

A melhor maneira de pensar sobre networking é evitar pensar em termos transacionais — *o que posso ganhar com isso* — e pensar em termos de relacionamentos: *como posso forjar uma conexão com alguém?* Acredite em mim, esta diferença é crucial. Pegando uma folha de outra parte da floresta, o capítulo sobre conhecimento e curadoria: seja muito, muito seletivo sobre a "sala" que escolhe para entrar.

Seu tempo é precioso, e estou a ponto de dizer que você deve evitar conscientemente ir a qualquer coisa que se anuncie como "happy hour de networking" ou "encontro de networking". Isso é uma verdadeira prova sobre a mentalidade transacional, não relacional. Qualquer evento que o convide a participar porque você pode ser bem-vindo, e porque espera ser interessante, bem, pense em arranjar tempo para esse. As redes fluirão automaticamente de um evento organizado para dar prioridade às pessoas e ao conteúdo. Pode parecer um detalhe menor, mas, confie em mim, compreender a diferença entre networking e rede de contato é realmente importante no trabalho.

Poder às pessoas da base

Voltemos ao amor e à pesquisa de Matthew Lieberman sobre o fato de que o cérebro do ser humano está preocupado, antes de tudo, consigo. A definição do dicionário de relacionamento inclui "estar relacionado ou inter-relacionado". Em outras palavras, estar em algum tipo de rede, desde o tipo familiar de ter parentes, até todos os outros tipos de relacionamento. Incluindo o trabalho. Uma vez que você começa a pensar sobre onde trabalha e com quem como um conjunto de relacionamentos, então pode começar a valorizá-los de maneira muito diferente. De modo mais pessoal.

Para que isso aconteça, talvez um bom ponto de partida seja olhar além das relações e dinâmicas do escritório, por mais importantes que sejam, e dentro da pilha oculta de relações que vivem digitalmente, a terra de ninguém conhecida como "banco de dados". Qualquer pessoa que tenha dirigido um negócio ou estado envolvido em marketing ou vendas terá tido *muito* a ver com bancos de dados. Eles quase não se modernizaram em cinquenta anos. Ficam maiores e melhores na "captura de dados", mas as pessoas que fazem, vendem e geralmente gerenciam os sistemas correm o risco de se concentrar menos no Princípio da Simplicidade e mais na magia da complexidade. Quanto mais um banco de dados puder *fazer* com seus dados, melhor.

Quando você pensa nisso, colocar os nomes das pessoas em um sistema eletrônico para gerenciar a comunicação pode parecer simples o bastante, mas será pessoal? Tenho idade suficiente para me lembrar do Rolodex, um maravilhoso porta-cartões para registrar informações sobre qualquer coisa, mas especialmente pessoas, inventado nos anos 1950 pelo engenheiro dinamarquês Hildaur Neilsen. No auge de sua popularidade, antes da era da internet, dez milhões de Rolodex eram vendidos a cada ano.

Sinto falta deles. Eu podia ver, contar e tocar as cartas, o que me mantinha literalmente conectada a elas. Hoje, meus contatos vivem no LinkedIn, e no sistema de banco de dados do meu escritório, no meu Outlook, e no Facebook e em minhas outras redes sociais. Não é a mesma coisa. Há muitos mais, mas é difícil de acompanhar. É bastante complicado. A escala da tecnologia nos permite registrar milhões de seres humanos, mas o que isso tem a ver com a relação ou a comunicação com eles? Não muito, na realidade.

Vamos voltar à natureza e às árvores: agora sabemos como são as árvores em rede em uma floresta, graças ao trabalho pioneiro de Peter Wohlleben, compartilhado em seu livro *A vida secreta das árvores*. Uma floresta é uma gigantesca rede acima e abaixo do solo. Precisa se renovar constantemente. Árvores decíduas derramam suas folhas a cada inverno para se protegerem de ser derrubadas por ventos fortes. A produção de novas folhas vale a energia se elas garantirem a sobrevivência. Quanta energia nova trazemos para os sistemas que administram nosso próprio solo florestal de conexões? Não o suficiente.

Pequeno é bonito

Por fim, uma palavra sobre escala nas redes em funcionamento. Maior não é melhor em termos de conferências, eventos ou bancos de dados, ou em termos de conseguir fazer qualquer coisa. A regra do Princípio da Simplicidade é, de modo bastante simples, evitar uma reunião ou lista de e-mails com mais de seis pessoas, mas, como regra geral, o tamanho e a escala de qualquer coisa faz uma enorme diferença no resultado.

O teórico da administração Frederic Laloux identificou o que chama de "Organização Marreco".[12] Nessa teoria, as organizações bem-sucedidas têm sucesso evitando modelos tradicionais de liderança e confiando na autogestão coletiva e no funcionamento por meio da colaboração em pequenas unidades. Laloux escreve sobre autogestão e culturas "sem chefe" nas quais as equipes são pequenas — talvez dez a doze pessoas —, o que as torna muito flexíveis e capazes de se adaptar rapidamente.

A empresa americana de software de gestão de capital humano Kronos tem um chefe, como apresentado, — Aron Ain — que se descreve como um "não líder", apesar de ter um negócio cujo valor é superior a um bilhão de dólares e ter mais de seis mil funcionários em todo o mundo. Em seu livro *Work Inspired,* ele relata a história do "Projeto Falcon", desenvolvido por uma equipe dedicada de 25 pessoas, encarregada de fazer algo diferente. Ele diz: "Nossa força de trabalho estava altamente engajada. Nossos clientes estavam felizes. Ainda assim, alguns de nós estávamos preocupados. Queríamos garantir o sucesso futuro e decidimos tomar medidas proativas". Essa pequena equipe foi autorizada a experimentar e explorar, e esse projeto incipiente acabou se tornando um produto chamado Dimensões da Força de Trabalho, que chegou ao primeiro lugar no *ranking* de pesquisa independente de soluções de gestão de força de trabalho em 2019, com uma pontuação máxima de 95 por cento. O poder do pequeno.

Capital social

Quem você conhece e o que conhece

Quando comecei meu negócio de redes de contato, a Editorial Intelligence, em 2005, eu queria reunir dois tipos de pessoas em extremos opostos do espectro (aos seus próprios olhos de qualquer forma): jornalistas e Relações Públicas (RPs). O slogan que dei à empresa na época foi "*Onde as relações públicas se encontram com o jornalismo*". Eu havia trabalhado anteriormente em um livro de RP (daí o encontro com Maya Angelou) e conseguido estabelecer um bom conjunto de relacionamentos com jornalistas, talvez tenha até obtido o seu respeito, o que é notoriamente difícil, pois há uma lei oculta de que estão muito acima da cadeia alimentar moral quando se trata de RPs.

Em todos os aspectos estamos de volta à era analógica, os dias de longos almoços de trabalho em Londres, quando até mesmo mulheres iniciantes e jovens como eu podiam ir a restaurantes para trocar notícias e fofocas e estabelecer contatos. Lembro-me de comer sushi em Farringdon com o jovem Alan Rusbridger, que se tornou editor do *Guardian*, e ainda tenho contato com muitos jornalistas daquela época. Um ou dois se tornaram bons amigos. Como tive a confiança para me conectar com eles em primeiro lugar? Bem, eu tinha Capital Social.

O capital social é a força das conexões. Se você não tem capital social, não pode acessar "valor" na comunidade: você não pode fazer o que deve ser feito ou continuar. É um termo emprestado da economia e um pouco escorregadio, mas ao longo dos anos ele foi estabelecido para se tornar algo que as pessoas aceitam o que significa: sua rede de contatos é importante. No Reino Unido, naquela época, a mídia conhecia meu sobrenome graças ao fato de meu pai ter alcançado o auge de sua fama acadêmica no momento em que minha carreira decolou. Todos conheciam o nome Hobsbawm, e, quando perguntei se podia ir e ver as pessoas, responderam que sim. Assim como o capital financeiro, quanto mais você tiver para começar, melhor. Eu poderia dizer, sinceramente, que todas as coisas sobre as quais escrevi aqui, como curiosidade e motivação, me ajudaram, e é verdade. Mas o capital social é uma riqueza com a qual comecei, e sempre quis que outros tivessem o mesmo benefício.

Mas como? A rede da Editorial Intelligence ultrapassou rapidamente os limites de mídia e RP e começamos a expandir para conectar pessoas na política, ciência, tecnologia, negócios e também RP e jornalismo. No entanto, notei que todos eram, de alguma forma, sênior (caso contrário, não poderiam pagar nossa filiação), e isso ainda foi bem antes de a consciência atual sobre a diversidade de raça e classe abrir o mundo fechado das "profissões".

Senti que isso estava errado moralmente, mas quanto mais eu lia sobre a ciência da rede de contatos, mais percebia que também era taticamente estúpido. Porque quando você olha para os estudos das conexões sociais ou a forma como os efeitos de rede crescem e se espalham, percebe que as redes fortes e boas prosperam na diversidade. Elas exigem isso. Seja um boato ou uma furada, as redes dependem de algo ou alguém agindo como um eixo ou nó, e da força e do número de conexões que elas têm para que o fato, seja qual for, possa saltar e conectar-se entre eles. Como nossa amiga abelha, zumbindo entre uma flor e outra. Espalhando.

Eu ainda estava intrigada com esse problema quando participei de um café da manhã muito cedo em um grande prédio do governo com pessoas bem mais experientes. Ao verificar meu casaco, notei — lembre-se da importância de notar — que a jovem que o guardava parecia desanimada, e jovem demais para passar o início da vida sem ser notada por muitos. Comecei a conversar com ela, e descobri que era formada. Ela não tinha conexões. Não tinha confiança. Tinha uma energia muito perdida. Perguntei-lhe se gostaria de vir trabalhar um pouco para mim e usar meu escritório como uma alternativa à sala de guarda-casacos e ela concordou.

Mas esta história em particular não tem um final feliz. Marice veio e trabalhou comigo, mas rapidamente percebi que ela nunca tinha tido a oportunidade de desenvolver suas habilidades comportamentais e que, de alguma maneira, ir à universidade deveria dar-lhe confiança e boas perspectivas de emprego, mas não era suficiente. Percebi que precisávamos ajudar a alimentar a confiança e a conexão, e não apenas fornecer uma oportunidade bruta. A partir dessa experiência, começamos a experimentar um projeto de capital social muito mais ambicioso, no qual combinamos nossos membros, exalando confiança e carreiras, com jovens londrinos como Marice por um período muito mais longo do que apenas um estágio remunerado. Começamos a explorar o que aconteceu com os dois lados da moeda, o "erudito", como chamamos os jovens, e os mentores. E adivinhe o que aconteceu? Foram feitas conexões realmente produtivas, felizes e criativas. A diversidade e a polinização cruzada das pessoas funcionaram maravilhosamente.

Hoje administramos uma rede chamada A Rede do Capital Social. A estrutura é simples, simétrica, geométrica: combinamos um erudito com três de nossos membros da rede ao longo do ano e pedimos aos mentores que compartilhem dois ou três dias inteiros ou metade dos dias do que quer que estejam fazendo, para que estas habilidades comportamentais construam capital social. A rede é parcialmente administrada por Shanice Shields-Mills, nossa primeira erudita. Ela chamou nossa atenção porque tinha transformado as dificuldades de seu conjunto habitacional em um triunfo, através de uma instintiva compreensão do poder do capital social e da força de uma personalidade muito considerável.

Shanice havia transformado a adversidade em oportunidade e atraiu o interesse do principal jornal londrino, o *Evening Standard*. Por sua vez, um executivo sênior do banco de investimentos Citi, que patrocinou iniciativas de inclusão social com os jornais, descobriu seu potencial e a apresentou a um programa de estágio dirigido por alguém que ela conhecia em outro lugar do mundo da comunicação. Estes dois executivos nos conheciam. A essa altura, o lema dessa história já deveria estar claro. A polinização cruzada funciona. Construa valor nas comunidades. Tenha verdadeira diversidade ao seu redor. Ajude os outros. Use as redes.

Salões

Qualquer que fosse o assunto, o principal negócio das cafeterias era o compartilhamento e a discussão de notícias e opiniões em forma oral, escrita e impressa; seus clientes queriam absorver informações, assim como café e tabaco.[13]

TOM STANDAGE

O caldeirão de café

O mundo bebe mais de dez milhões de toneladas de café por ano, com a Finlândia no topo das pesquisas por consumir ainda mais, seguida de perto por Suécia e Islândia. De acordo com a Organização Internacional do Café, os Estados Unidos e o Reino Unido estão abaixo da Suíça, Grécia e Alemanha, mas todas essas nações são as que mais bebem. Confesso que eu mesma sou um pouco viciada em café. Gosto de grãos de café expresso continentais muito fortes, moídos e depois preparados em uma panela de fogão.

Como todo mundo, associo o café à conversa. Eles sempre andaram juntos. No século XVII, a cafeteria tornou-se famosa como um local de encontro diversificado e um caldeirão de ideias em Londres. Em seu livro sobre a história das mídias sociais, o jornalista da *Economist* Tom Standage diz que as cafeterias eram uma espécie de rede social em tempo real. Ele cita um panfleto fantástico chamado *The Character of a Coffee-House* (O caráter de uma cafeteria), publicado em 1673 (quando a mídia social definitivamente significava transmitir boatos, notícias e opiniões apenas pessoalmente): "A sala fede mais a tabaco do que o inferno a enxofre, e está tão cheia de fumaça quanto as cabeças que a frequentam".

As cafeterias de hoje não têm mesas comunitárias para as pessoas trocarem notícias e opiniões como uma sala de comércio, e é uma pena. Hoje é mais provável que você veja uma cafeteria com pouca conversa, mas com muito ruído de digitação em laptops. No entanto, o hábito de conversas do século XVII, também conhecido como salão, precisa muito ser reinventado aqui no século XXI, porque não há melhor maneira de construir e nutrir redes do que por meio dele. O historiador Simon Schama uma vez me fez os maiores elogios (pensei) quando me chamou de *salonnière* em referência às mulheres — e *foram* as mulheres — que costumavam realizar salões em grandes casas particulares na França por volta da mesma época em que uma versão turva de conversações e ideias acontecia nas cafeterias que brotavam nas grandes cidades da Europa.

Conferências de desistência

Tornei-me, por acidente e sem planejamento, uma espécie de salão profissional, simplesmente pela minha educação e personalidade. Embora definitivamente experimente a timidez como todos, estou com certeza no extremo extrovertido do espectro: mais extrovertido do que o contrário. Quando eu era criança, observava meus pais se reunirem regularmente para jantares informais em casa e via minha avó fazer o mesmo em seu apartamento. Havia comida, risos, conversas, discussões. As pessoas eram fervorosas, amigáveis e diferentes umas das outras, apesar de também terem coisas em comum.

Eu recebia algum dinheiro lavando a louça para meus pais, mas acabava pairando para ouvir as histórias, as risadas e absorver a atmosfera de escritores, pensadores e artistas que visitavam nossa casa nos anos 1970. Durante uma década em meu negócio atual, dirigi uma espécie de salão de café, uma conferência chamada "Nomes Não Números", que reunia um grupo igualmente estranho.

O ponto sobre os salões é que são grandes equalizadores. Tenho uma foto da mulher que nos conectou com Shanice, nossa brilhante erudita, frente a frente com Margaret Atwood, que falou durante um ano e adorou. Eu a juntei com uma brilhante especialista em insetos chamada Bridget Nicholls e depois Atwood deu a "Nomes Não Números" o maior elogio, chamando-a de "uma grande polinização cruzada de ideias".

O negócio da conferência, que sempre se vende como "happy hour de networking", tenta convencer as pessoas de que é realmente um salão gigante, e até certo ponto, mas apenas até certo ponto, isso é verdade. Certamente, esse negócio é grande: o tamanho da indústria de eventos de conferências é de trinta bilhões de dólares. Os países competem por negócios de conferências. A Alemanha tem o maior espaço em capacidade do mundo, estendendo-se até meio milhão de metros quadrados, e um terço das pessoas que participam de conferências vai a eventos com mais de 2.500 pessoas.

Isso pode ser para justificar o custo de enviar alguém, e o custo de tempo de participação, mas não funciona bem em comparação com o número Dunbar de 150 relacionamentos, ou com minha Hierarquia de Comunicação para a qual você também precisa estar frente a frente em pequenos grupos. Não, o negócio de conferências pode ser uma boa maneira de vender coisas, com algumas redes úteis ao lado, mas se você realmente quer construir redes, precisa de salões menores.

A mesa de Marnita

Eu definiria um salão como uma reunião de curadores com grupos pequenos o suficiente para que todos possam ser vistos, ouvidos e lembrados. Encontrei uma mulher realmente inspiradora chamada Marnita Shroedl em Minneapolis, que fundou uma organização chamada Marnita's Table, que "existe para aumentar a igualdade e diminuir as disparidades através da distância".[14] Eles praticam o que chamam de "hospitalidade radical", reunindo grupos que muitas vezes estão em desacordo, mas que, por meio de discussões compartilhadas durante uma refeição, encontram um caminho para superar essa diferença.

Tive uma longa conversa telefônica com Marnita sobre a forma como ela desenvolveu uma mistura realmente única de salão, programação de capital social e mudança. Adoro a forma como a Mesa de Marnita mantém jantares de gala chamados "Comece a Conversa", nas quais levantam fundos convidando você a "sair da sua bolha... engajar-se com tomadores de decisão, líderes comunitários e membros da família e compartilhar um delicioso banquete transcultural".

A verdade é que a ideia de salões é muito Ação Hexagonal. Trata-se de contenção e geometria (pequena, moldada, estruturada). Os salões polinizam as pessoas e as ideias. O conhecimento flui através delas de forma bastante oportuna. E a confiança se desenvolve. Muito parecido com a forma como um hexágono se une a outro e depois outro: orgânico, natural, um tanto mágico.

Os drogados da complexidade, aquelas pessoas que sempre querem escala e velocidade acima da lentidão e da redução, adoram conferências grandes e impessoais. Mas a pergunta é: você realmente quer? E se não quer, como pode criar sua alternativa? Bem, se você pertence a um grupo de livros, você já está em um salão. E se você organiza um encontro, isso também conta. Uma refeição fora com os amigos? Sim, isso é um salão. Tome a abordagem do café em vez da conferência e inclua mais do que provavelmente está fazendo sem sequer perceber: encontre seu salão ou torne-se um *salonnière*.

Os Seis Sociais

A última seção aqui pode parecer óbvia, uma vez que já estabeleci a tenda para o número seis, mas dado o número de pessoas com as quais estamos conectados, pode ser difícil identificar as seis ou mais pessoas em suas redes que realmente importam para você a qualquer momento. Quando foi a última vez que você pensou sobre isso? Talvez, como eu, você se veja apanhado em vez em uma rodada interminável de comunicação, por e-mail, em reuniões, em salões ou conferências e nunca pare realmente para pensar: "Qual é a minha base pessoal de pessoas?". Esta seção é toda sobre por que você deve parar, fazer um balanço e identificar os próprios Seis Sociais.

O gabinete de cozinha

Pensamos no círculo político de assessores conhecido como "gabinete de cozinha", e todos deveriam ter um. A própria ideia de ter um grande grupo de assessores com origem em multidões é diferente de um grupo pequeno, confiável e íntimo. Há uma história engraçada na Grã-Bretanha sobre o tempo em que uma grande multidão se transformava em algo como um pequeno círculo de conselheiros de "gabinete de cozinha". Em uma pesquisa on-line sobre a nomeação de um navio operado pela British Antarctic Survey, a hashtag #nameourshippoll resultou em uma onda de nomeações e o vencedor foi um nome bastante estranho para um navio tão prestigioso: *Boaty McBoatface*.

O político encarregado teve que fazer uma reviravolta, renomear o navio de algo grandioso e deixar que o nome oriundo da multidão se aplicasse a um de seus submarinos. Cuidado com o que você deseja! Mas este é um exemplo sério de como, se você deixar um círculo muito amplo entrar em algo que requer um pouco de pensamento estratégico sério, as coisas podem ficar complicadas. Não, um gabinete de cozinha, que estou rebatizando de "os Seis Sociais", é uma ideia muito melhor.

O número perfeito

Vamos recapitular: seis é um número matematicamente "perfeito", presente em uma faixa surpreendentemente grande de contextos culturais e científicos. Portanto, talvez acima de tudo, está abaixo do limite máximo da nossa memória de trabalho (sete itens) e, portanto, é um número altamente prático. Afinal, a Ação Hexagonal tem tudo a ver com "manter real".

Não tem que ser absolutamente literal. Se você tem um conselho de oito ou uma família de nove, todos são bons números também, é claro. Mas trata-se de pensar que, quando você quer fazer as coisas, ou quando quer contar com as pessoas, uma vez que começa a ir além de seis, é pouco provável que seja tão significativo ou útil.

Em termos de organização perfeita, o número seis tem uma simetria que importa. As pessoas frequentemente listam, rotulam e organizam prioridades em três, e três, juntamente com dois e um, é um fator de seis. As empresas que fazem campanhas de arrecadação de fundos falam sobre a divisão dos conselhos em terços: um terço ativo, um terço passivo e um terço não tem qualquer utilidade. Pode parecer um pouco duro, mas qualquer um que já tenha se sentado em um conselho ou feito parte de um grande grupo sabe que as pessoas ativas e úteis muitas vezes aparecem como um número muito menor do que o total. Em outras palavras, você não precisa começar com seis, mas não assuma mais de seis, ficarão encarregados!

Fazendo um balanço

A ideia de seus Seis Sociais remete à Clareza. Se você quer fazer algo, precisa tomar uma decisão. Quem o ajuda a decidir? Ou com quem você pode contar para implementar essa decisão? Conhecemos muitos milhares de pessoas em nossas vidas. A expectativa média de vida para as mulheres é de 75 anos e para os homens é de setenta, e tendemos a começar a nos lembrar de quem encontramos significativamente a partir dos cinco anos de idade. Mesmo sendo conservadores em nossa estimativa, e imaginando que ao longo de uma vida encontramos o mesmo pequeno número de pessoas todos os dias (em vez de muito em determinado momento e menos conforme envelhecemos), é razoável supor que todos nós encontramos entre quinhentas e mil pessoas por ano, portanto, cerca de cinquenta mil pessoas, pelo menos.

Mas não podemos contar com elas, assim como em uma conferência não podemos fazer "networking" significativo com essas pessoas. Pensar em seus Seis Sociais é uma maneira de tirar uma foto-chave de sua vida como ela é agora, e de quem está nela. Isso o(a) ajuda a decidir e obter Clareza, e também auxilia a descobrir em quem confiar para obter informações, e com quem você pode realmente ser você mesmo. Não é necessariamente uma lista única de seis, mas várias. Quem são seus Seis Sociais entre colegas, família, amigos? Quem são Seus Seis sociais na escola de seus filhos, e assim por diante.

Você provavelmente pode adivinhar o que vou dizer a seguir: experimente. Faça uma lista de seis e veja.

SEIS LIÇÕES

REDES

1 **Estar frente a frente em um mundo do Facebook.** A Hierarquia da Comunicação nos mantém concentrados em por quanto tempo nos conectamos ou não com as pessoas na vida real, e no valor de mantê-la natural: frente a frente. Seja honesto, você está se escondendo atrás de redes baseadas em telas? Embora possa ser muito mais demorado, o verdadeiro valor é o frente a frente. Isso também força você a priorizar e se concentrar no que é mais importante;

2 **Pense que as pessoas não são base de dados.** Lembre-se de que todos querem ser um nome, não um número. Organize quem você conhece e como você se comunica não com base na quantidade de relacionamentos, mas na qualidade;

3 **Redes, não networking.** A melhor maneira de pensar em networking é adotar uma mentalidade relacional e não transacional. Não pense no *que posso ganhar com isso...* mas *como posso forjar uma conexão com alguém?* As redes irão fluir de eventos (menores) organizados para priorizar pessoas e conteúdos;

4 **Seja social.** Crie capital social fazendo parte de comunidades, porque as fortalece e fortalece você. Como abelhas, prosperamos no conhecimento especializado compartilhado e apoiamo-nos na inteligência do enxame para tomar melhores decisões;

5 **Cafeterias e não conferências.** Recrie o salão e a cafeteria em pequenas e íntimas reuniões, e não pense que uma grande conferência é um bom substituto. São diferentes;

6 **Os Seis Sociais.** Faça um balanço e identifique seus "Seis Sociais". Quem são as cerca de seis pessoas em suas redes que de fato importam para você agora, e com quem você pode contar quando precisa fazer as coisas?

9

Lado 6: Tempo

Trate seu tempo como seu corpo

Para todas as bússolas do mundo, há apenas uma direção, e o tempo é sua única medida.

TOM STOPPARD, *ROSENCRANTZ E GUILDENSTERN ESTÃO MORTOS*

Não podemos esticar o tempo. Quando pergunto a estudantes ou pessoas em uma plateia o que o número 168 significa, eles muitas vezes parecem inexpressivos. É o número de horas da semana. É quase como se tivéssemos ficado tão sobrecarregados com grandes números de dados e sem limites digitais que um número pequeno e fixo parece confuso — e pequeno demais. Mas é a realidade. A complexidade da vida moderna se alimenta do tempo, em vez de manter as coisas simples. Pesquisas mostram que o usuário médio da internet gasta seis horas por dia on-line.[1]

Nosso tempo é gasto em zigue-zague por um complexo conjunto de tarefas, incluindo comunicação (250 bilhões de e-mails são trocados diariamente ao redor do mundo), pesquisa (cinco bilhões de pesquisas no Google por dia), compras (estamos gastando mais de 3,5 trilhões de dólares anualmente em todo o mundo na internet).[2]

Isso sem contar o tempo que gastamos em mídia social e em que fazemos outras coisas, como andar, conversar, nos deslocar, comer e dormir. Sim, a maneira como passamos o tempo é muitas vezes a de um espectador indefeso, enquanto a ampulheta escorre a areia diante de nossos olhos.

Portanto, este sexto e último lado da simplicidade é sobre este bem mais precioso, e o axioma é simples: "*Trate seu tempo como seu corpo*". E como o tempo é curto, esta seção também o será — deliberadamente!

O Princípio da Simplicidade visa ajudar você a aproveitar ao máximo o tempo, concentrando-se no que acontece com ele. Não podemos parar o cronômetro, dentro ou fora de nosso corpo, mas podemos controlar como abordamos a própria questão do tempo e simplificá-lo, considerando:

1 **Prazo:** manter o controle de prazo e cronograma;

2 **Horário:** seja o porteiro de seu tempo;

3 **Fusos horários:** como trabalhar em aldeias globais;

4 **Interrupção:** estabelecer limites com frequência e mantê-los;

5 **Relógio biológico:** encontrar a melhor hora para você;

6 **Passado e Presente:** não há tempo como o agora.

Prazo

É extremamente difícil descobrir a verdade quando se está governando o mundo. Você está muito ocupado.[3]

YUVAL NOAH HARARI

O resultado trimestral

Douglas Adams disse que adorava prazos: "*Eu adoro o zunido que eles fazem ao passarem*". Acho que o mundo se divide entre aqueles que cumprem prazos e os que não cumprem. Como as pessoas que estão sempre atrasadas e aquelas que cumprem os prazos. Cumprir o tempo, agarrar-se ao tempo, importa muito. E os prazos são importantes porque nos dão foco e forma. O aspecto geométrico da Ação Hexagonal é medição e padrão. Portanto, no geral, gosto de prazos.

Muitos de nós confiamos nos prazos para nos impulsionar a ultrapassar a linha e terminar. Acho que um prazo é muitas vezes uma coisa boa, concentrando minha mente no que realmente importa. Pergunte a qualquer bom jornalista como eles trabalham, e normalmente dirão "para o *deadline*". Mas muitos de nós trabalhamos o tempo todo com prazos que não estão realmente sob nosso controle. Veja o resultado trimestral. As empresas dependem de um ciclo de relatórios aos acionistas sobre o *status* de várias medidas em qualquer trimestre do calendário.

Sua posição nos mercados de ações pode depender disso, mas o conceito funciona em todos os setores e se tornou convencional. Na prática, o que isto significa é que uma mentalidade de curto prazo muitas vezes se insere em como administramos as coisas, quando é melhor ter a visão de longo prazo.

Na natureza, o longo prazo pode ser visto em nossas amigas, as árvores. Elas também têm prazos sazonais, mas o prazo geral é muito, muito mais longo. Os pinheiros de cerdas da Grande Bacia (*Pinus longaeva*), por exemplo, datam de 4.500 anos — pelo menos.[4]

A vida de cem anos, que para os seres humanos finalmente se torna tangível graças à ciência e à medicina, está realmente no ponto mais baixo para as árvores. Elas não têm resultados trimestrais. Não têm prazo. As abelhas não têm prazos específicos, têm ciclos, ritmos, rotinas. Não é o mesmo que um ponto fixo inalcançável que todos precisam cumprir. As abelhas se adaptam constantemente ao meio ambiente. As empresas e aqueles ligados ao ciclo trimestral estão fazendo algo essencialmente não natural, tornando a ideia de prazo algo artificial.

A próxima geração de líderes intencionais reconhecerá isto e saberei que a mudança aconteceu quando virmos o fim dos relatórios trimestrais.

Estoques de crescimento

E que tal outra medida? O crescimento. No negócio de investimentos, o estoque de crescimento é aquele que é mantido e amadurece em valor ao longo do tempo. Isto pelo menos se constrói em menos prazos e mais uma evolução financeira. Deixe as coisas seguirem seu próprio curso. Warren Buffet frequentemente investe em ações que ele pode se dar ao luxo de ver crescer, cair e voltar a crescer. Devemos aprender com este tipo de estoque quando olhamos para nossos próprios prazos. Em que instante precisamos da nossa gratificação — ou quão rápido estamos gratificando a ideia de sucesso de outra pessoa?

Um prazo é uma forma de pressão e nem todos ou tudo prosperam sob pressão. Lembre-se da diferença entre "eustress", o bom momento do estresse, e seu oposto, "angústia". Um prazo pode ser falso, e pode causar angústia em vez de produtividade. Os prazos são importantes se você quiser ser produtivo e crescer. Você tem que usar o julgamento e algumas das características que abordei anteriormente, como integridade, para obter o melhor deles.

Cronograma

Há outro tipo de prazo para se ter cuidado também, que é o cronograma de uma empresa ou de um político de carreira. O ciclo eleitoral, como é conhecido, muitas vezes molda radicalmente as políticas que frequentemente são esmagadas para combinar com a política, e não com as pessoas. Uma das razões pelas quais a política se tornou tão suspeita — até mesmo o chefe das Nações Unidas, António Guterres, falou de um "déficit de confiança" na política — é que as promessas simplistas são feitas com base em ciclos políticos, e não na realidade. Certas coisas podem não levar 4.500 anos para serem cumpridas, mas levam mais de várias centenas de dias. Como disse o pensador Seth Godin:

> Nós nos concentramos nos dias, tomando decisões de curto prazo, em vez de sermos conhecedores dos anos. Ignoramos os benefícios que a dor de curto prazo pode ter ao nos trazer satisfação a longo prazo. O que significa que, muitas vezes, não investimos, abraçando um atalho em vez disso.[5]

A simplicidade, a meu ver, é sobre o que pode ser realisticamente alcançado, corretamente analisado e focalizado. Ser simplista é ser extremamente irrealista. Portanto, sempre que houver uma linha mortal ou um cronograma que sugira algo que não seja possível, ou onde os cantos são cortados para alcançá-lo, tenho uma palavra para você: evite.

Horário

Ninguém deixa, conscientemente, que outra pessoa o alimente, a menos que não seja capaz de se alimentar sozinho. Mas o que acontece no dia a dia é que perdemos o controle de nosso tempo ou o entregamos a outros. Isso é chamado de cronograma, calendário e diário. Acho que a melhor maneira de aplicar o Princípio da Simplicidade em minha vida é controlar meu tempo da melhor maneira possível. Isto abrange quando estou on e off-line, quando estou em reuniões ou não, e o que faço com meu tempo. Sou uma das sortudas.

Nem todos podem controlar seu tempo e isto não é apenas um caso de "carência de tempo", ou seja, de não ter tempo suficiente, mas de não poder decidir como gastá-lo.

Em um famoso estudo realizado nos anos 1970, os pesquisadores deram a um grupo de controle em um lar de idosos uma planta para cuidar e a capacidade de escolher filmes, e compararam suas taxas de mortalidade durante um período de dezoito meses com outro grupo que não tinha controle sobre nada. Estou terrivelmente chocado ao dizer que a taxa de mortalidade no grupo sem controle foi *duas vezes* maior do que a do grupo que tinha algum grau de independência e escolha.[6]

E, em um contexto de trabalho, ter maior controle do tempo leva a uma maior produtividade. (*Defino produtividade não apenas como a produção seca de produto por hora, mas de motivação, engajamento, criatividade.*) Na Suécia, o estudo Svartedalens mostrou que, quando se dá aos trabalhadores controle sobre seu tempo, dando-lhes um dia de seis horas, por exemplo, a ausência por doença e estresse reduz pela metade.[7] Portanto, a flexibilidade, o que chamo de "flexibilismo", conta tanto quanto a observação do relógio.

Horas extras

Tudo isso significa que a nova riqueza na vida não é apenas dinheiro, nem saúde, mas tempo. Pesquisas feitas pela University College London e Instituto Finlandês de Saúde Ocupacional descobriram que um pouco de horas extras não é uma coisa ruim, mas que, no minuto em que você passa significativamente por isso, a taxa de ataques cardíacos ou de doenças coronárias chega a sessenta por cento[8] — outro indicador de que quando alguém mais controla nosso tempo, sofremos.

À medida que mais e mais pessoas entram no mercado de trabalho instável, desde aquele sem compromisso de horas de trabalho horas até o freelancer, cada hora conta. Portanto, quando você decide simplificar seu tempo, uma das primeiras coisas a fazer é olhar como seu calendário será moldado: como se sente e se parece o padrão do tempo.

Por exemplo, nunca concordo em estar de um lado da cidade numa hora e de outro lado na hora seguinte. Muitas vezes tenho reuniões no mesmo lugar, e tento construir uma quantidade de tempo realista para qualquer pessoa que contrato ou trabalho para conseguir o que preciso fazer. Não sou fã de horas extras, porque geralmente significa que você está gastando o tempo de outra pessoa e não está realmente pagando por isso. É uma má forma.

Adoçando um trabalho duro

As exigências de trabalho de todos são diferentes, e se você trabalha em um ambiente de loja ou em uma fábrica, então suas questões de programação não serão tanto sobre reuniões, mas sobre flexibilidade para o tempo livre. No entanto, cada vez mais pessoas não trabalham em um ambiente fixo e programado, mas de uma forma mais mista, com trabalhos diferentes. Muitos de nós agora trabalhamos na economia gigante, fazendo nossa própria sorte. Pesquisas mostram que se espera que metade da força de trabalho dos Estados Unidos seja classificada como freelancer até 2030.[9]

O relatório "O Futuro dos Empregos", do Fórum Econômico Mundial de 2016, citou a natureza mutável do trabalho e o trabalho freelancer como a principal tendência a ser observada, o que mostra que os Estados Unidos muitas vezes iniciam uma tendência no local de trabalho que outras economias seguem.[10] Nem todos são adequados para ser freelancer. Ser freelancer é difícil porque não só é preciso administrar as distrações, mas é preciso administrar o tempo que se dedica ao marketing e à venda.

Pegue uma dica da abelha aqui. Tente fazer o que quer que gaste seu tempo em esticar o máximo que puder. Imagine que seu produto é mel. Ou cera. Os usos variam de práticos a medicinais. A mesma coisa. Os ingredientes são remodelados, reestruturados. O tempo que levou para criá-los é tomado por humanos e transformado em coisas que as pessoas gostam e podem usar. Os freelancers de amanhã serão aquela abelha: identificando os próprios talentos e habilidades e criando uma forma de usá-los de forma criativa e útil.

Eles vão precisar de sorte, é claro. E parte da sorte é o *timing*. Mas o que quero dizer é que, onde você pode controlar seu tempo, use-o bem. Caso signifique obter uma nova habilidade ou qualificação, use-a. Se significa fazer um dos cursos on-line para freelancer da Udemy de Seth Godin, para se acostumar melhor com a situação, faça isso. Encaixe em sua agenda algo que lhe dará uma doce recompensa, se puder.

Como trabalhar em aldeias globais

O mundo não funciona apenas 365 dias por ano, 24 horas por dia, sete dias por semana. Ele tem pelo menos 24 fusos horários principais e outros locais. Complicado. Na Rússia há 22 fusos horários somente. "Puxa"! A forma como acompanhamos os fusos horários é através do UTC, ou Tempo Universal Coordenado, que por razões antigas é medido a partir de Greenwich, Londres, minha cidade natal.

Quando acordo em casa, meus amigos na Índia estão começando a noite. Colegas na Coreia do Sul e no Japão provavelmente estão terminando o jantar e a noite, a menos que haja um clube noturno envolvido. O que torna o trabalho hoje em dia muito mais complexo do que era.

Uma empresa especializada na área de crescimento do trabalho remoto publicou diretrizes sobre a etiqueta dos diferentes fusos horários. A Remote.co lista cinco dicas, que incluem coisas como "estabelecer um horário universal", mas a que eu acho que mais importa é "aprender os horários de seu colega de trabalho".[11] Quando Aron Ain, da Kronos, a empresa de software de gestão de capital humano (que incidentalmente desenvolve tecnologia para registrar e gerenciar a manutenção do tempo) se estabeleceu na Índia, ele me disse que isso era uma prioridade máxima.

Há mais do que uma diferença de horário de um dia de trabalho — 9,5 horas — entre, digamos, Washington DC e Nova Deli. Portanto, quando a costa leste da América do Norte está acordada e indo para o trabalho, querendo falar com os colegas de trabalho, há um problema: eles vão para a cama. É aqui que a tecnologia pode, naturalmente, ajudar. Você pode se juntar a plataformas compartilhadas e se comunicar em tempo de *jet lag*, não em tempo real. Você pode observar a etiqueta de notificar as pessoas quando precisar que estejam "presentes".

Aron Ain viaja regularmente para a Índia para conhecer pessoalmente os funcionários. Ele diz: "*Visito os escritórios da Kronos ao redor do mundo e a primeira coisa que faço é ir e cumprimentar a todos no escritó-*

rio. Na Índia, onde há cerca de mil funcionários, levo uma manhã inteira para cumprimentar e apertar a mão".[12]

Não é surpreendente que adoremos a ideia de viajar no tempo, porque ela tornaria nossas vidas muito mais fáceis. O físico teórico italiano Carlo Rovelli escreve maravilhosamente sobre o tempo e como em alguns sentidos ele não é realmente real; pelo menos, "*o tempo não existe a um nível elementar. Ele existe para nós*". O que ele quer dizer é que toda a forma como medimos o tempo é basicamente uma construção em nossas cabeças. A velocidade com que as coisas se movem, e quão rápida ou lentamente nós e outras criaturas reconhecemos isso é muito diferente. O mais eloquente é que Rovelli nos ajuda a entender os fusos horários em relação aos sentimentos. Ele afirmou ao *Guardian*:

> ... há uma espessa camada emocional, que é o que nos dá a sensação do "fluxo" do tempo. O problema de entender o tempo é o problema de desembaraçar este complexo emaranhado de estruturas e efeitos.

Há um grande pedido para que todos joguem fora o conceito básico de tempo, manutenção do tempo, gerenciamento do tempo, mas a filosofia disto é convincente. Ela se conecta com a ideia do Princípio da Simplicidade de aprender com a natureza. Se reconhecermos — com o tempo, é claro — que tudo o que pensamos sobre o tempo não está exatamente errado, mas que não é o quadro completo, então talvez isso possa nos dar a esperança de que os humanos possam mudar e ajudar uns aos outros a fazer as coisas de forma melhor e diferente, uma vez que mudemos nossa perspectiva. Assim como agora estamos entendendo o clima e a natureza de forma muito mais íntima do que antes, como o reconhecimento de que a sobrevivência das abelhas é importante para a sobrevivência humana, ainda há tempo para fazer algo sobre como gastamos e valorizamos o próprio tempo.

Interrupção

A superficialidade e a profundidade

Mas, de volta ao mundo real do aqui e agora. O mundo no qual passamos cerca de um terço de nossas vidas trabalhando (cerca de dez mil dias de nossas vidas) está mudando velozmente. Sabemos que enfrentamos enormes perturbações do próprio mundo do trabalho — a Inteligência Artificial, a mudança para o trabalho autônomo, a mudança de blocos de escritórios em tempo integral para espaços de trabalho remoto e de coworking, por exemplo —, mas talvez o maior desafio de todos seja bastante humano: concentração.

Lembra a questão da atenção, voltando ao primeiro lado da simplicidade, Clareza? Lembra-se de como é frágil, como nos leva um terço de hora para recuperar a concentração, uma vez que ficamos on-line e voltamos a ficar off? Bem, a interrupção é ruim e não se trata apenas de ciclos de sono, embora em breve eu passe para relógios biológicos. É talvez a maior perda de tempo no trabalho que qualquer um de nós enfrenta.

Adoro o trabalho de Cal Newport e sua definição de "trabalho profundo", que é um trabalho que requer atenção indivisível e concentração profunda. Em seu grande livro *Deep Work* (Trabalho profundo), escreve: "Simplesmente esperar e se aborrecer tornou-se uma experiência nova na vida moderna, mas, do ponto de vista do treinamento de concentração, é incrivelmente valioso".[13]

Trabalho superficial é algo que o mundo digital cria constantemente. É o tipo que nos permite pensar que somos multitarefas quando o humano é um monotarefa natural. É quando imaginamos que estamos fazendo coisas simples, mas tornamos nossa carga de trabalho e nossa carga mental muito mais complicadas. O trabalho profundo, por outro lado, é quando desligamos nossas notificações, fechamos a porta do nosso escritório, colocamos nossos fones de ouvido, liberamos a agenda e nos concentramos.

Flexibilismo

Os dias de horas fixas de trabalho formal em um local fixo podem ser numerados. Muitas das maiores corporações do mundo já têm unidades menores trabalhando fora do espaço flexível de coworking (antes de sua queda nas graças dos mercados em 2019 devido a uma louca supervalorização, WeWork tornou-se um dos maiores inquilinos de escritórios do mundo com mais de mil quilômetros quadrados de acomodações de escritório), porque entendem a mentalidade "Organização Marreco" de que pequeno é melhor do que grande.[14] Mas também entendem que, de alguma maneira, pedir às pessoas que trabalhem em escritórios em plano aberto, que se tornou a moda em design de escritório por várias décadas, não funciona realmente para as pessoas. Acho que todos nós precisamos de "flexibilismo", que é ser flexíveis sobre onde, por quanto tempo e como trabalhamos.

Alguns de nós gostamos de estar em uma atmosfera de plano aberto e isso pode ser bom para os negócios. Criatividade, *brainstorming* e o compartilhamento social podem ser vitais. Em seu livro sobre como amar o trabalho, Bruce Daisley escreve sobre os fones de ouvido serem "essencialmente um mecanismo de proteção: ajudam os usuários a evitar distrações onde de outro modo seriam constantemente interrompidos".[15] Ele está certo que, para algumas pessoas, em parte do tempo, é bom para a concentração e também uma maneira boa e simples de sinalizar "não se aproximem de mim, estou fazendo um trabalho profundo".

O publicitário britânico Rory Sutherland, pioneiro na aplicação da ciência da mudança de comportamento à publicidade, é muito claro quando diz que a forma como trabalhamos no escritório deve ser *apenas* social. Ele argumenta que é inútil imaginar que seremos capazes de nos concentrar quando estivermos rodeados por outros, quando for natural e bom fofocar e pôr a conversa em dia, e igualmente inútil passar horas em uma viagem de ida e volta se tudo o que se faz quando se chega é ir por e-mail. A propósito, Rory acredita que a próxima grande mudança digital no trabalho será uma revolução na maneira como o e-mail funciona. Ele acha que, quando recebermos aquele bipe de entrada, não significa que ele deve ser respondido imediatamente ou mesmo que, quando escrevermos um e-mail, ele será enviado de pronto, mas enfileirado de uma forma mais eficiente, sensível ao tempo. Concordo plenamente.

Relógio biológico

Ser sensível ao tempo é exatamente o que os humanos são. Uma vez passei quase toda uma chamada de negócios com o diretor de uma empresa multimilionária de negócios globais discutindo como administramos o *jet lag*. (Dica: para mim é nada de comer, beber muito antes do voo mas menos durante, máscaras para os olhos e melatonina na chegada). As organizações que se saem bem em diferentes fusos horários reconhecem que o impacto prático do tempo e da viagem no tempo é importante. A ideia de cambalear dentro e fora dos voos noturnos, depois ser um bom pai ou cônjuge, enquanto lida com fusos horários alterados, não é uma boa receita para a produtividade. Essas organizações têm que criar fusos horários diferentes que reflitam também os relógios do corpo e da mente.

Agora sabemos muito mais sobre o ritmo circadiano — tirado do latim *circa* (ao redor) e *morre* (dia) e também conhecido como o relógio biológico. Nossos relógios internos refletem a rotação da terra ao redor do sol ao longo de 24 horas. Todo nosso metabolismo, hormônios e funções-chave flutuam em altos e baixos e não funcionam da mesma maneira para todos, nem tampouco são tempos únicos para todos. Por exemplo, a premiada neurocientista Sarah Jayne Blakemore descobriu como os cérebros dos adolescentes são alterados durante a puberdade, tornando extremamente improdutiva a maior parte da estrutura escolar em que são forçados a operar,[16] enquanto pesquisas recentes da Universidade de Vigo, na Espanha, mostraram que tomar medicação para a pressão sanguínea à noite pode ser mais eficaz do que tomá-la pela manhã.

O que li em todas essas evidências emergentes sobre cronobiologia e o estudo de nossos corpos em relação ao tempo dentro de nós é que precisamos ajustar radicalmente a forma como administramos nosso tempo fora de nossos corpos. Pode-se dizer que este é um exemplo de onde precisamos evitar ser simplistas para chegar a soluções simples. Está se tornando óbvio que dizer que todos precisam se levantar ao mesmo tempo, ir trabalhar ao mesmo tempo, comer, beber e dormir no mesmo ritmo é uma solução simplista que a sociedade criou. Ela ignora o que é real, o que é bem complicado. Então, como o Princípio da Simplicidade se aplica a esta questão realmente desafiadora do tempo?

Bem, comece com o KISS e mantenha simples. Se você perceber que é mais produtivo em um momento do dia do que em outro, trabalhe com isso o melhor que puder. Se isto significa mudar a política de modo que os adolescentes possam se concentrar melhor, por que não? Isso pode ser complexo no curto prazo, mas lembre-se de que o curto prazo não conta tanto em meu livro quanto o longo prazo. A solução a longo prazo tem como base a simplicidade.

Todos os turnos, o local, os fusos horários e a semana de trabalho estão aqui para ficar. Quanto mais soubermos sobre como os seres humanos operam, mais poderemos adaptar as máquinas para nos ajudar — como programas para ajudar os trabalhadores a se comunicarem através de diferentes fusos horários, entrando e saindo em horários adequados — e mais, poderemos mudar nossos comportamentos de acordo com as novas realidades. Além de manter as coisas simples, o Princípio da Simplicidade quer aprender com a natureza. Então, vamos aprender: a resposta para nossa crise de produtividade e de estresse pode ser em parte resolvida, simplesmente, olhando o tempo e os relógios biológicos. Nosso cronograma interno é tão importante quanto qualquer coisa no exterior.

Passado e presente

O passado é diferente do futuro. Para frente faz sentido, para trás não faz sentido.[17]

CARLO ROVELLI

Sabemos que não há tempo como o presente. *Carpe diem* é uma maravilhosa frase latina que significa "aproveitar o dia". É uma frase do tipo "Princípio da Simplicidade". Como "Just Do It", da Nike. Faz sentido. Reduz a complexidade. Mas deixar o passado para trás pode ser difícil, especialmente se você vive e trabalha nele. Muito do modo como vivemos ainda é governado pelo passado.

Ainda vivemos e trabalhamos em um dia de escritório de oito horas, embora para a maioria de nós nosso tempo e nossa vida estejam em um *loop* digital sem fim, no qual podemos viver e trabalhar de formas muito diferentes. A acadêmica Judy Wajcman expõe bem este fator quando descreve em seu livro *Pressed for Time* (Pressionado por tempo) que o smartphone se tornou "o mecanismo quintessencial de compressão tempo-espacial". Ela aponta que os dispositivos digitais economizam tempo, mas também o consomem.[18] Quando se pensa que o usuário médio da internet está nele por seis horas por dia, ela não está errada. Portanto, para estar plenamente no presente, ou para imaginar o futuro (que é o que os humanos são realmente bons em fazer — imaginar), precisamos deixar o passado para trás.

Ou pelo menos imagine que não precisa ser copiado. Contribuí para um livro de ensaios sobre como transformar a vida no trabalho, chamado *Being Present.* Um dos textos é da especialista geracional alemã Steffi Burkhart, que escreve:

> No passado, a disponibilidade de capital, tecnologia e recursos como petróleo e gás foram os motores mais importantes para o crescimento, mas ao lado de informações, dados e conhecimentos adquiridos em tempo real, os recursos humanos serão o recurso mais escasso do futuro.[19]

Ela está se referindo ao capital humano, aos recursos humanos ou ao que chamamos agora de Talento. A simples verdade, querido(a), é que o talento é importante porque é humano. Você pode esquecer a máquina se ignorar o humano. Temos que olhar para nós mesmos agora, como somos, e aplicar o Princípio da Simplicidade em nossas vidas. Isto significa tomar decisões de imediato.

Isto significa abraçar a neurodiversidade imediatamente. Significa deixar de lado as velhas ideias sobre produtividade, como ligar e desligar o relógio, e mais sobre criatividade e a capacidade de ser curioso. Trata-se de como descansamos e reiniciamos, e de como aprendemos e entendemos nossos limites. Como freamos a infobesidade. Como construímos relacionamentos uns com os outros. O passado pode nos ensinar muito, mas só podemos reagir ao agora. Fazer a dança das abelhas como se fôssemos uma. Diga um ao outro onde está o pólen — e onde não está. Não onde ele estava, isso aconteceu ontem. Mas o que está acontecendo agora mesmo.

Meu falecido irmão Joss, aquele que me disse para "*continuar respirando profundamente*", está comigo mesmo que eu tenha completado este livro cinco anos depois que ele faleceu de câncer de pulmão. Ele Permanece dentro do meu coração, e assim está presente. Quando estava vivo, ele dirigia uma companhia de teatro que trouxe de volta peças de toda a história para um cenário contemporâneo. Ele chamou a companhia de teatro de "Momento Presente". Essa é uma instrução simples: viver para hoje e querer viver para amanhã. Mas viva no aqui e agora.

SEIS LIÇÕES

TEMPO

1 **Não cumpra prazos.** A menos que você mesmo os estabeleça. Sempre questione o prazo e o cronograma. É real? Deve ser feito? Ou há outra maneira?

2 **Mantenha o controle de seu calendário.** O tempo é um recurso precioso e precisa ser gerenciado ativamente. Controlar (na medida do possível) como você o gasta levará a uma maior produtividade;

3 **Adoçar o trabalho.** Prepare-se para a vida de freelancer mesmo que não esteja acontecendo (ainda), e faça o que precisar fazer o mais longe e com o máximo de flexibilidade possível, no tempo disponível;

4 **Obedeça ao seu relógio biológico.** Entenda o que seu corpo está lhe dizendo sobre como você passa seu tempo. Não tenha medo de olhar para dentro antes de olhar para fora;

5 **Os escritórios são para bebedouros.** Não se preocupe com um escritório, a menos que seja necessário. Trabalhe onde precisa trabalhar se for relacionado à internet, mas tenha um encontro social com seus colegas, frequentemente;

6 **Viva o momento presente.** Concentre-se no que sua vida e suas necessidades são agora, e deixe que isso seja seu estímulo para a ação, não o que aconteceu no passado.

PARTE TRÊS

Ação Hexagonal na prática

10

Seis Pensadores do Hexágono

Espero que, pelo menos em princípio, você já tenha pegado o jeito da Ação Hexagonal. Quero mostrar-lhes as conquistas de seis indivíduos que para mim encarnam as seis maneiras de alcançar o foco e a produtividade da Ação Hexagonal. Portanto, estou chamando-os de Pensadores do Hexágono.

Deixe-me recapitular, para os que podem estar vindo direto aqui sem ter lido as seções anteriores, que o Princípio da Simplicidade tem tudo a ver com manter as coisas tão enxutas, simples e focadas quanto possível, cortando a complexidade, e que ele depende de procurar os padrões.

De um chef a um defensor da mudança climática, estes pensadores do Hexágono também vivem alguns ou todos os seis lados que você viu na parte dois deste livro: Clareza, Individualidade, a capacidade de Reinicializar e um controle sobre Conhecimento, Redes e Tempo — eles abordam tudo isso de modo a cortar a complexidade e alcançar uma simplicidade que seja focada e produtiva. Espero que os façam pensar. Deixe-me apresentá-los a vocês agora:

1. Massimo Bottura
2. Faith Osier
3. Satish Kumar
4. Arianna Huffington
5. Jessica Morris
6. Greta Thunberg

Massimo Bottura

Massimo Bottura é um chef italiano. Não qualquer chef italiano. Seu restaurante, Osteria Francescana, escondido na região da Emilia-Romagna (famosa pelo queijo *parmigiano reggiano*, *prosciutto di Parma* e pelo melhor vinagre balsâmico), está constantemente listado como um dos melhores restaurantes do mundo.

Ele é agora um dos poucos — provavelmente um hexágono — chefs globais que todos no mundo da alta gastronomia já ouviram falar e, francamente, adoram. Coincidentemente, sua descoberta começou com um prato de seis temas chamado "Seis tortellinis caminhando em um caldo", que foi um belo exemplo da geometria e do poder do design e da arte.

Massimo é tanto um artista quanto um chef. Sua missão sempre foi transformar o básico da cozinha italiana da culinária da "avó" — especificamente a massa caseira — em uma tomada moderna. Havia apenas um problema: na Itália nos anos 1980 e 1990, quando ele começou, enfrentou uma enorme resistência de seus clientes italianos, que queriam lasanha à moda antiga. No início, ele não tinha clientes.

Eles boicotaram seu restaurante. Ele diz que houve um momento em que percebeu que tinha que abraçar sua individualidade criativa mesmo que significasse escandalizar todos no processo, e que a melhor maneira de escandalizar e se apegar a suas armas era produzir um prato italiano atemporal de uma forma muito original e individual.

Assim, "Seis tortellinis caminhando em um caldo" mudou por completo, de uma grande tigela de massa cozida a vapor, cheia de carne, para seis tortellinis minúsculos em uma tábua, marchando em linha reta em direção, bem, a uma tigela de caldo.

O efeito disso foi fazer duas de coisas. Em primeiro lugar, isso sinalizou que Massimo não estava fugindo dos críticos. Na verdade, juntaram-se a ele depois disso. Mas ele também criou um novo gênero: uma tomada altamente original sobre pratos clássicos.

Por exemplo, a lasanha se tornou "a parte crocante da lasanha", com uma massa gigante crocante parecida com o que o chef diz, "é a melhor parte da lasanha, sempre, desde a infância: você quer o canto crocante queimado". Finalmente, depois de vários anos, durante os quais todos alcançaram sua genialidade, e graças a uma ótima crítica (as reputações dos restaurantes são feitas ou quebradas pela crítica certa na hora certa), essa abordagem começou a funcionar com clientes locais e regionais e depois internacionais.

A Osteria Francescana tem três estrelas Michelin e, em 2018, ocupou o primeiro lugar na lista dos cinquenta Melhores Restaurantes do Mundo. Massimo Bottura colocou a originalidade no coração da comida de seu restaurante usando os melhores ingredientes da natureza, e tudo funciona: deliciosamente. Qual objeto hexagonal Massimo Bottura mais me traz à mente? Provavelmente a colcha, com sua criatividade, sua originalidade, seu aspecto comunitário e sua gentileza.

Faith Osier

Faith Osier é a primeira africana e a segunda mulher a ser eleita presidente da União Internacional de Sociedades Imunológicas (IUIS, na sigla em inglês). Ela é uma cientista queniana multipremiada, mãe e professora de Imunidade contra a Malária na Universidade de Oxford. Estuda como os seres humanos adquirem imunidade à malária a fim de desenvolver uma vacina nova e mais eficaz, na esperança de erradicar essa doença milenar e devastadora de uma vez por todas.

Ela diz que "adora simplificar a ciência e comunicá-la a diversos públicos". Ela é uma bolsista do TED, e sua palestra *The Key to a Better Malaria Vaccine* (A chave para uma melhor vacina contra a malária) teve mais de 1,5 milhão de visualizações.[1]

O foco de Faith na simplicidade é uma das razões pelas quais ela é uma pensadora do Hexágono. Em seu discurso no TED, ela argumenta que, embora a tecnologia das "plataformas avançadas de imagens e ômicos... nos proporcionem uma visão mais clara de quão complexo o parasita realmente é", a abordagem predominante para o projeto de vacinas permaneceu rudimentar. A fim de fazer uma vacina mais eficaz, devemos voltar ao básico. Precisamos olhar para a natureza e entender como nosso corpo lida com esta complexidade. Como ela argumenta, precisamos combinar "tecnologia de ponta com insights centenários". Sua equipe procurou entender como as pessoas que são frequentemente infectadas pela malária adquirem imunidade.

Suas pesquisas procuraram desenvolver e melhorar o que havia sido aprendido até então (um de nossos axiomas de conhecimento); seu método era "derrubar trinta anos de pesquisa em uma experiência de três meses". Ela foi impulsionada pela simples pergunta: "Como é uma resposta bem-sucedida de anticorpos?". Sua equipe identificou mais de duzentas proteínas; muitas não estavam no radar para vacinas contra a malária e que eles acreditam que "poderiam fornecer os avanços que precisamos para fazer com que a malária passe à história através da vacinação".

Um forte senso de Propósito a impulsiona, pois ela nos lembra de que a erradicação da malária "salvaria meio milhão de vidas a cada ano". Duzentos milhões de casos. Estima-se que a malária custa à África doze bilhões de dólares por ano. Portanto, isto é economia. A África iria simplesmente prosperar".

Faith também defende a diversidade e é uma líder que procura trazer outros com ela: outro motivo pelo qual ela encarna a Ação Hexagonal. Ela é apaixonada por inspirar e construir a capacidade de homens e mulheres africanos, a estarem "engajados internacionalmente na ciência e na liderança" e "realizar as intervenções necessárias no continente".

Ela também defende a colaboração inteligente e o compartilhamento de ideias: de fato, ela lidera a SMART — South-South Malaria Antigen Research Partnership, uma "rede de cientistas africanos que coloca a colaboração em seu centro para compartilhar recursos e expertise coletiva para acelerar a busca de vacinas altamente eficazes contra a malária".

O objeto em forma de hexágono que Faith Osier traz à mente é o olho da libélula: cada olho composto na libélula é hexagonal, contendo até trinta mil facetas hexagonais que vão praticamente ao redor de toda a sua cabeça, permitindo um campo de visão incrivelmente amplo ao redor, acima e abaixo. O cientista que tudo vê e tudo procura precisa de uma atitude de libélula e de um olho como Faith Osier!

Satish Kumar

"*Quando você acha que precisa apertar o botão, pare por um minuto e tome uma xícara de chá fresco.*" Esta afirmação não parece terrivelmente radical, falando de botões e xícaras de chá, exceto que quando você pensa que "o botão" significava armas nucleares, e que a pessoa pretendia oferecer uma simples xícara de chá como a melhor ação entre a guerra e a paz, ela assume um significado diferente.

A frase foi proferida aos líderes em Nova Deli, Moscou, Paris, Londres e Washington, DC, durante uma histórica "Caminhada pela Paz" feita pelo militante indiano pela paz Satish Kumar durante os anos 1970. Ele foi um ponto fora da curva para o tipo de ativismo que vemos hoje em torno do ambiente: ser inteiramente simples e direto na mensagem, e operar com total integridade. Satish Kumar nasceu no Rajastão, na Índia, e quando tinha apenas nove anos de idade deixou a família para se tornar um monge Jain, defendendo uma vida de simplicidade.

Quando o conheci, ele já era uma figura mundialmente famosa em seus setenta anos de vida no Reino Unido, e era extremamente humilde e espiritual. Em um retiro no topo de uma colina, diante de uma pequena audiência que eu havia convocado, ele recontou sua famosa Caminhada da Paz.

Apesar de suas origens humildes e da falta de tecnologia ou do tipo de viagem fácil oferecida hoje a mais ou menos todos, o jovem Satish Kumar foi inspirado a mudar o mundo, e, ao fazer isso, resolveu dar a volta ao mundo, a pé, pregando a paz. Junto com um amigo, o Satish de vinte e poucos anos embarcou em uma peregrinação de paz de quase treze mil quilômetros sem dinheiro e dependendo apenas da bondade e hospitalidade de estranhos.

Você consegue imaginar caminhar mais longe do que até o ponto de ônibus? Bem, eles caminharam da Índia para os Estados Unidos, via Moscou, Londres e Paris, para entregar um humilde pacote de "chá da paz" aos então líderes das quatro potências nucleares do mundo da época. "Passei por oito pares de sapatos, muitas bolhas, dor no joelho, subindo até três mil metros de montanhas altas, depois descendo, depois subindo: muita dor. E a fome", disse ele em uma entrevista.[2]

Quando estava na casa dos cinquenta anos, fez uma caminhada de 3.200 quilômetros pela Grã-Bretanha para todos os lugares santos que podia alcançar para celebrar o amor e a natureza. É óbvio porque descrevo Satish como um Pensador do Hexágono: ele defende a simplicidade e uma conexão com a natureza. Sobre a própria simplicidade, um de seus livros recentes é chamado *Elegant Simplicity* (Simplicidade elegante). Ele escreveu:

> Quando meu amigo Menon e eu cruzamos a fronteira da Índia com o Paquistão durante nossa caminhada pela paz, eu disse: "Se formos como indianos, nos encontraremos com paquistaneses, russos ou americanos. Se formos como hindus, encontraremos muçulmanos, cristãos, budistas ou judeus. Se formos como gandhianos, nos encontraremos com capitalistas, comunistas ou socialistas. Todas estas são etiquetas que nos dividem. Não quero ir como indiano, hindu, gandhiano. Quero ir simplesmente como um ser humano; então, onde quer que eu vá, encontrar-me-ei com seres humanos. Serei capaz de fazer amizade com todos eles".

Sobre a natureza, Satish é igualmente eloquente, dizendo: "Somos parte de uma comunidade terrestre. Árvores são nossas amigas e parentes, aves voando no céu, abelhas e vespas, borboletas e cobras, tigres e elefantes são todos nossos amigos e parentes".

A mascote do Hexágono de Satish Kumar tem que ser as colunas de lava, enormes hexágonos magistrais de basalto que se formam em todo o mundo, do Japão à Irlanda, resultado do resfriamento da lava quente.[3] As missões de Satish de esfriar e acalmar cabeças sábias em todo o mundo fazem disto a metáfora certa para sua forma particular de ação hexagonal.

Arianna Huffington

Conheci Arianna Huffington em Nova York depois que meu livro *Sempre conectados: saúde social em uma era de sobrecarga* foi publicado, e nos demos imediatamente bem. Eu estava com minha filha adolescente, e notei que Arianna lhe dava muita atenção e era simpática, uma coisa generosa a fazer.

Conversamos sem parar sobre ideias acerca de bem-estar, e ela perguntou se eu me tornaria editora-geral de sua nova plataforma de bem-estar e produtividade, Thrive Global. Concordei instantaneamente. Minha filha é bastante difícil de impressionar, mas me disse depois, daquela maneira condescendente de adolescente: "*Achei que foi uma boa reunião, mamãe*".

Qualquer pessoa que conheça Arianna Huffington se lembra de ter feito isso. Ela é uma personagem forte e usa seu charme e sua influência para virar o jogo em algumas questões muito difíceis. Arianna é uma polímata, alguém que usa seu amplo conhecimento e interesse. Realmente, ela é uma abelha humana: incrivelmente trabalhadora, muito envolvida no terreno em que produz, construindo uma equipe. Ela não é uma abelha-rainha encasulada e protegida, mas a arquiteta de uma comunidade social.

Ela adora o burburinho de conectar diferentes pessoas e ideias, de polinizar de política a negócios e saúde. Em sua carreira, essa carismática feminista greco-americana, educada em Cambridge, defendeu o espiritualismo, o ambientalismo e a arte. Ela aparece regularmente nas listas "Top" do mundo, como as 100 Pessoas Mais Influentes da *Time* e as Mulheres Mais Poderosas da *Forbes*.

Tendo criado a plataforma de blogs *Huffington Post*, que teve enorme sucesso, ela se voltou para o bem-estar, a saúde e a produtividade com a Thrive Global, e começou a escrever best-sellers internacionais sobre assuntos que até então definhavam em áreas de interesse especial das livrarias. Seu livro *Thrive* foi o primeiro grande livro a colocar toda a questão do "sempre ligado" e da sobrecarga digital no mapa, e começou a dar a todos nós permissão para pensarmos sobre nossas vidas de forma um pouco diferente.

Ela deu seguimento a isto com *The Sleep Revolution* (A revolução do sono), que desencadeou um enorme movimento contínuo, novas pesquisas e uma consciência global de que o sono é a base de toda a saúde física e mental.[4]

Todos os aspectos dos seis lados da simplicidade — Clareza, Individualidade, Reinício, Conhecimento, Redes e Tempo — são os que ela aborda em seu trabalho, e as seis prioridades da Ação Hexagonal de conseguir um corte simples, conectando-se a nós mesmos e ao mundo espiritual, por meio da geometria versátil mas brilhantemente formatada de seus sites, estão todos em sincronia com a própria Ação Hexagonal. Qual seria a sua mascote hexagonal? A colmeia, é claro. O hexágono final é a colmeia, que é cuidadosamente montada e na qual reside toda a magia e mistério do ecossistema das abelhas.

Jessica Morris

Jessica Morris é uma britânica de cinquenta anos que trabalhou na área de comunicação e educou sua família antes de um dia, ao fazer caminhadas, de repente, desmaiar. Ela foi diagnosticada com câncer cerebral do tipo mais mortal: glioblastoma, ou GBM. Para sua família e seu grande círculo de amigos como eu, foi devastador. Mas, semanas após a cirurgia,

Jessica voltou a lutar, declarando que dedicaria a vida a "transformar o glioblastoma de terminal em tratável" e criando o primeiro aplicativo de coleta de dados de pacientes com GBM para pacientes e uma instituição sem fins lucrativos chamada OurBrainBank.[5] Ela iniciou um blog. Fundou um grupo no Facebook.

OurBrainBank começou a fazer campanha não apenas para obter financiamento, mas para mudanças nas políticas ao mais alto nível.

O objetivo do OurBrainBank é a Saúde Social — conexões em funcionamento na era digital. Especificamente, trata-se de garantir que Conhecimento, Redes e Tempo sejam bem aproveitados em conjunto. Jessica percebeu que não só alguns conhecimentos sobre ensaios clínicos e tratamentos não chegavam aos pacientes, mas que as informações vitais da alteração dos sintomas diários e das respostas ao tratamento não estavam sendo comunicadas de modo eficaz aos seus médicos.

Isso também em um contexto de esmagadora infobesidade sobre a própria condição clínica. Assim, a rede OurBrainBank tem sido usada para esclarecer, agilizar e transmitir informações de modo útil entre pacientes, seus cuidadores e médicos. E tempo: a maioria dos pacientes com GBM tem muito pouco, e Jessica escreve e publica frequentemente sobre o pouco tempo que muitos pacientes podem ter.

Mas ela usa este fato para impulsionar seus esforços e todos à sua volta para a ação. Ela tem um talento natural para a comunicação e a campanha, e uma consciência aguçada de que a ciência do câncer de cérebro está mudando a cada dia.

Eu diria que Jessica é a última militante sem fins lucrativos, a heroína de todas as organizações sem fins lucrativos em todas as cidades de todos os países. Ela é tanto abelha-rainha quanto abelha-operária: todos lutam muito por ela porque ela é única. No entanto, arregaça as mangas, muitas vezes poucos dias após a cirurgia, e volta rugindo. Ela quer mudar o clima do câncer. Não apenas seu tipo de câncer, mas de todos. Ela pensa lateralmente e com muita precisão sobre como fazer isso: há geometria, padrão, foco, produtividade em tudo o que faz. Mas também criatividade e curiosidade. Ela quer saber tudo o que pode, compartilhá-lo e capacitar sua comunidade.

Qual é a sua mascote hexagonal? Tem que ser a estrutura molecular do carbono, que, embora não seja uma forma hexagonal em si, se transforma em formas quase indestrutíveis de complexo de carbono como o grafite e o diamante, e sem o qual a maior parte da vida orgânica — inclusive humana — se perderia.

Greta Thunberg

Uma das grandes notícias dos últimos anos é a de uma jovem estudante sueca com tranças sentada em uma calçada com um cartaz atrás dela que diz "Skolstrejk föor Klimatet", traduzido como "Greve Escolar pelo Clima". Esta imagem se tornou um divisor de águas no perfil das mudanças climáticas, e turbinou líderes mundiais, a mídia mundial e os jovens e ativistas da crise climática. É a profunda conexão com a natureza e a inspiração para protegê-la que imediatamente faz de Greta Thunberg uma pensadora do Hexágono.

Depois, há a simplicidade de sua argumentação e como ela corta a espessura habitual da argumentação que normalmente se tem na política. Como ela escreveu em um post no Facebook:

> Sim, a crise climática é a questão mais complexa que já enfrentamos. Mas a solução é em preto e branco; precisamos parar as emissões de gases de efeito estufa. Não há áreas cinzentas quando se trata de sobrevivência.

Portanto, a primeira razão é o meio ambiente e seu compromisso com a natureza, e a segunda é sua clareza, sua determinação e a simplicidade de sua argumentação. A terceira é sua neurodiversidade, parte do axioma da Simplicidade Seis, sobre Individualidade. Ela é a primeira figura global a ser neurodiversa e a colocar sua diferença no centro do palco. De fato, no mesmo post do Facebook, ela escreveu sobre o diagnóstico de seu Asperger como "um dom" e disse:

> Se eu tivesse sido "normal" e social, eu teria me organizado em uma organização, ou teria iniciado uma organização por mim mesma. Mas como não sou tão boa em socializar, fiz isso.

No mundo infobeso de hoje, onde a redução é geralmente alta e feia, Greta Thunberg representa algo mais: individualidade, autenticidade e destemor. Ela reduziu, como ela disse: "Eu só falo quando acho que é necessário. Agora é um desses momentos. Um sussurro às vezes é mais alto do que um grito".

Greta Thunberg, que foi nomeada a Pessoa do Ano 2019 pela revista *Time*, não pediu para se tornar uma heroína global para alguns, nem pediu para ser o objeto de zombaria e ódio que também se tornou.[6] Como a própria forma hexagonal, ela provou ser imensamente forte e resistente: lembre-se de como o grafite é duzentas vezes mais forte do que o aço. O "Efeito Greta" recebeu o seu nome e a força de sua influência.

Por exemplo, a ferrovia sueca declarou um aumento de oito por cento nas viagens de trem devido à preocupação com as emissões de CO_2 do voo, com uma nova hashtag #istayontheground se desenvolvendo para deter as viagens aéreas.[7] Se as abelhas pudessem fazer campanha, não o fariam contra os pesticidas? Talvez precisem de sua própria Greta. Acho que a mascote hexagonal que a representa tem que ser o floco de neve: altamente sensível, individual, e muito única.

11

Seja a abelha

Papel e responsabilidade em um mundo complexo

Onde a abelha suga, lá sugo eu,
Em um sino de prímula eu deito,
Lá eu me deito quando as corujas choram,
Nas costas do morcego eu voo
alegremente depois do verão.
Alegremente, alegremente viverei agora
Sob a flor que jaz no ramo.

ARIEL, *A TEMPESTADE*

Quando comecei a pesquisar este livro, passei muito tempo em nosso chalé em Brecon Beacons, no meio do País de Gales, onde as abelhas bebiam literalmente madressilva e lavanda selvagem em frente à minha janela, além da qual pastavam o gado e as ovelhas galesas. Entrei na cidade local, Hay-on-Wye, lar da maior coleção de livrarias de segunda mão do mundo e do famoso festival de livros visitado várias vezes por minha grande mentora, a amiga Maya Angelou, e deparei-me com um tesouro de livros antigos sobre abelhas. Confesso que estava menos interessada em como as abelhas fazem mel e, assim, evitei livros sobre como me tornar uma apicultora.

Em vez disso, queria saber como as abelhas se comportam, como vivem de fato, que papéis desempenham? Encontrei uma verdadeira beleza de livro, escrito em 1939, chamado *The Mind of the Bees* (A mente das abelhas) e escrito por Julien Françon, sobre o qual não consigo encontrar nada, exceto este belo livro. Eis o que fala sobre o que acontece quando as abelhas vão forragear:

> Tão logo o sol tenha atingido o topo da colina, se o tempo não for ameaçador, pois elas temem o frio e a tempestade, lançam-se da colmeia com o voo de assistência que as leva em direção às flores, as fornecedoras de néctar e pólen que é sua missão coletar.[1]

Muitos de nós reconhecemos esse sentimento. Atirando-nos de casa ou do escritório, lançando-nos em uma missão doméstica ou profissional, quase em piloto automático. Quem somos no mundo e o que fazemos nele nos define. As abelhas, como nós, têm um conjunto bastante reconhecível de coisas que fazem de hora em hora, diariamente, de forma contínua. Deixe-me focar apenas em seis de suas funções principais:

1. Elas criam e alimentam a vida.
2. As abelhas constroem e reparam o local onde vivem e trabalham.
3. As abelhas coletam mercadorias com as quais fabricam e armazenam produtos.
4. As abelhas permitem que outros seres vivos floresçam (polinização cruzada).
5. Elas trabalham incrivelmente duro e eficientemente, mas também descansam e se reabastecem.
6. E, finalmente, por serem também uma espécie social, comunicam-se, embora sem palavras.

Forrageando, dançando e polinizando

Dramatização

Cada abelha, apesar de ter apenas um conjunto finito de funções e habilidades, é provavelmente mais individual do que pensamos. Certamente, existem vinte mil espécies de *Apis*, mas como a pesquisa de outros insetos sociais como cupins está sendo descoberta, eles podem até ter traços reais de personalidade que estamos apenas começando a descobrir.[2] (Cupins, afinal, não são universalmente industrializados: alguns sob escrutínio infravermelho são o que se pode chamar educadamente de preguiçosos, enquanto outros são *workaholics*. Soa familiar em sua vida?)

Mas para toda a sua individualidade, as abelhas em que nos concentramos na Ação Hexagonal têm papéis fixos. Há apenas uma rainha, dezenas de milhares de abelhas-operárias e um número menor de zangões machos. Todas têm tarefas específicas que só elas fazem. A rainha põe ovos, por exemplo, e as operárias realizam uma variedade de tarefas, desde manter as células de criação quentes nas colmeias hexagonais até sair para forragear no campo e voltar para fazer a dança das abelhas.

Sim, a dança das abelhas é um papel importante para uma abelha desempenhar. É quando transmite todas as informações que captou em suas antenas às outras abelhas para dizer-lhes a que distância está o depósito de pólen mais próximo e onde exatamente ele está localizado.

Quando treino pessoas em transição de carreira, frequentemente peço a elas que identifiquem papéis muito específicos que poderiam desempenhar em sua próxima fase de vida. Muitas vezes elas parecem confusas ou assustadas. Tento dizer-lhes que a estrutura de identificação do que podem fazer é realmente útil. Às vezes, olhar para a abelha é uma boa maneira de fazê-las se concentrar e colocar suas próprias habilidades em foco:

1 **Dança das abelhas:** o balanço é uma habilidade muito boa para se ter. Acho que tenho isso na vida (embora ironicamente seja uma péssima dançarina). Mas se alguém é um bom comunicador, isso pode significar que tem habilidades em qualquer coisa, desde escrever discursos até comunicação interna. Ou pode significar que tem boas habilidades de pessoas em geral. Se você pode ser confiável e ouvido, pode transmitir e armazenar informações vitais que são valiosas para todos.

2 **Rainha (ou líder):** pensamos saber muito sobre a abelha-rainha, mas curiosamente a associação cultural a esse termo é negativa: ser uma "abelha-rainha" é ficar distante, grandiosa, não com a gangue, e ainda ter poder. Traduza isto em liderança: você é o tipo de líder que se conecta com sua equipe? Se você lidera, inspirar lealdade não é fácil e vem porque é você considerado(a) com respeito e visto(a) como essencial para a sobrevivência do grupo.

3 **Forrageador(a):** estas abelhas saem e procuram o mel; elas lembram pessoas em vendas e desenvolvimento ou recrutamento, que devem sair e descobrir coisas e pessoas. Você é um forrageador ou os outros precisam desempenhar esse papel em sua vida? Esta é uma pergunta especialmente valiosa a ser feita se você é um freelancer ou se está desenvolvendo uma carreira de portfólio. Muitas pessoas que treino e ensino estão sendo forçadas pelas práticas de trabalho a se tornarem forrageadores — e não se sentem nada à vontade para fazer isso. As pessoas aprendem, como as abelhas, a forragear.

4 **Polinizadores:** as abelhas criam a maior parte da nossa alimentação através da polinização de milhões de flores e culturas. Sem elas, os humanos lutariam para sobreviver. Em termos humanos, aqueles que podem polinizar ideias, ser flexíveis, participar do que é chamado na teoria de rede de "limites" são todos membros altamente valiosos da sociedade. Eles não consomem tanto quanto espalham, coletam e misturam.

5 **Abelhas-operárias:** o trabalhador principal é o motor essencial da entrega. As abelhas-operárias criam o favo de mel a partir da cera que produzem a partir de seus corpos. Elas reúnem todo o néctar utilizado para fazer mel. Não há absolutamente nada de errado em apenas ser capaz de trabalhar duro. Para fazer o que lhe é pedido sem reclamar. Na verdade, isto é muitas vezes negligenciado. Mas a abelha-operária é, literalmente, o centro da produção. O que significa, sim, a colmeia da produtividade. Se você pode ser claro em como contribui, qual é seu papel na criação do produto de qualquer organização a que pertença, isso é valor. Puro e simples.

6 **Governanta:** as abelhas são especialmente boas na manutenção da casa, que é uma das razões pelas quais são tão produtivas: nada é desperdiçado, muito é reciclado. As trabalhadoras cuidam dos ovos e das larvas, criam as abelhas jovens, limpam o ninho, livram-se de abelhas mortas e outros detritos, defendem o ninho e alimentam a rainha. Seu papel poderia ser, literalmente, o de dirigir a casa — é o que faz um "chefe de pessoal", que é uma grande forma de dizer: supervisionar.

Há, obviamente, uma enorme diferença entre nós, humanos, e nossas minúsculas criaturas sociais que amam o mel. Eu não gostaria que você levasse o "seja a abelha, querido(a)" muito literalmente. Mas a maneira como se organizam em diferentes papéis e sua essência social significa que, se quisermos realmente aplicar o Princípio da Simplicidade, e aprender a *manter simples* e *aprender com a natureza*, então elas são as espécies vivas com as quais podemos olhar e aprender.

Espero que este capítulo e tudo o que você leu até agora lhe permitam sair em busca de uma nova e melhor maneira de viver. Tudo o que resta é recapitular o que abordei na floresta de palavras que criei para compartilhar com você. Veja onde você aterrissa com ela.

12

Seis Lições para Fixação + 6

A prática, dizem, leva à perfeição. E o melhor do número seis, além de ser o número de lados em um hexágono, é que é matematicamente "perfeito". Portanto, pratique sua Ação Hexagonal e você descobrirá o que funciona perfeitamente para você enquanto põe à prova o Princípio da Simplicidade: sua própria vida.

Este capítulo oferece algumas ideias muito orientadas para a ação. Afinal, é tudo sobre o que você faz, não sobre o que diz. Primeiro, eis uma recapitulação sobre os seis lados da simplicidade e suas Seis lições para fixação.

1 Clareza

O axioma da Clareza é que "Ser claro como cristal traz simplicidade". Não há nada pior do que desordem, confusão, que traz consigo demora, mal-entendidos, desconfiança. Quando você é claro sobre algo, outros obtêm Clareza. Portanto, ser claro é um ato de generosidade. Não ser claro muitas vezes tem um efeito em cadeia. Afeta, por exemplo, suas redes. Afeta muito o conhecimento e os fluxos de informação.

Os seis ingredientes principais da Clareza são *Decisão*, *Atenção*, *Propósito*, *Hábito*, *Limites* e o que chamo de *Manutenção doméstica*. A forma hexagonal que mais me fala da Clareza é "o diamante londasleíta", o que, graças à sua malha hexagonal e sua composição de carbono amorfo, a torna uma das estruturas mais duras da terra.[1]

Seis lições para fixação da Clareza

- **i** **Evitar o desgaste das decisões.** Mantenha poucas as decisões, tome-as usando a Ação Hexagonal para realmente se concentrar em suas escolhas.
- **ii** **Preste atenção!** Quanto mais você rolar a tela, mais perde esses 23min15s recuperando sua atenção. Evite a rolagem infinita.
- **iii** **Tenha um tecnosábado.** Encontre um momento em que você se torne físico, não digital, e faça desse dia, ou mesmo parte de um dia seu "tecnosábado". Veja todos os seus rituais e abrace o hábito, mesmo que comece um para quebrar outro.
- **iv** **Crie um quebra-cabeça de sua Produtividade.** Você está sendo produtivo? Se não, qual o motivo? O objetivo pode ser a chave?
- **v** **Basta dizer não.** Escolha a que você diz sim e não tenha medo de dizer não. Os limites são bons!
- **vi** **Cultive uma mente arrumada.** Desobstrua o ambiente, mesmo que signifique reorganizar a bagunça de que gosta: **mas** seja claro sobre qual é o seu processo para encontrar algo quando precisar dele.

2 Individualidade

O axioma de seis palavras de Individualidade é que **"humanos devem ter prioridade sobre máquinas".** Temos que trabalhar com mais afinco na era digital para saber onde o humano para e a máquina começa, e isso traz grande ansiedade e confusão, mas também oportunidades. Os elementos de seis lados que nos ajudam a permanecer estáveis e sólidos em tempos difíceis e mutáveis são *Identidade, O Eu Digital, Neurodiversidade, Criatividade, Integridade* e um sentido aguçado de *Lugar.* A mascote hexagonal para este lado do hexágono da simplicidade é, claro, o floco de neve: literalmente, não há dois flocos de neve iguais.

Seis lições para fixação da Individualidade

- **i** **Seja o Floco de Neve.** Recuperar a ideia de ser um "Floco de Neve" e pensar na sensibilidade/neurodiversidade não como um conceito negativo, politicamente motivado, mas como um conceito fundamentado na realidade, na compaixão e em abraçar a diferença.

ii **Seja seu verdadeiro eu criativo.** Lembre-se de que quem você é on-line não é exatamente a mesma pessoa, e que o verdadeiro você é aquele que deve permanecer conectado acima de todos os outros. E perceba sua criatividade mesmo no cotidiano.

iii **Seja cauteloso ao pensar em grupo.** Todos queremos pertencer, mas seguir o que todos estão fazendo com fé cega leva a uma mentalidade fechada. Você pode ter uma visão diferente dos outros, sabe.

iv **Seja o Diretor de Felicidade.** Pergunte se você pode ser a pessoa que inspira e defende o bem-estar, porque você mesmo o encarna. Use a criatividade para orientar o bem-estar.

v **Tenha integridade.** Muitas vezes temos medo de ser individuais e de levantar a cabeça acima do parapeito. O resultado? Nós nos arrastamos para uma teia emaranhada de complicações. Lembre-se dos três 3Cs: Convocação, Compaixão e Compromisso. Trata-se de ser prático e centrado no que é real: não se trata tanto de "Não", mas de dizer "Vamos fazer assim".

vi **Conheça seu lugar.** A abelha sempre vai para casa ou constrói um novo lar. O senso de lugar para as abelhas, tanto em termos de onde vivem como também para onde vão, é incrivelmente forte... Onde vivemos, onde trabalhamos, a distância que percorremos entre os dois: a simplicidade da viagem e o arranjo são muito importantes.

3 Reinício

Que axioma de seis palavras resume melhor esta receita vital de vida? "A mente sempre ligada precisa descansar". Sabemos muito sobre o sono hoje em dia, mas descansar e reiniciar não são a mesma coisa. Parte da epidemia de estresse que está varrendo o mundo é diretamente graças à cultura "sempre ligado".

As seis soluções que escolhi para destacar são *Libertação, Mind-less-ness, Curiosidade, Natureza, Respiração* e *Diversão*. Que forma hexagonal mais invoca reiniciar?

Bem, para mim tem que ser a colcha, aquela bela atividade artística e artesanal que coloca a forma hexagonal no centro de seu padrão durante a maior parte do tempo.

Seis lições para fixação do Reinício

i **Zerar.** Dormir é vital, mas também um sentido mais amplo de Reinicializar. Como você se recarrega quando está acordado ou durante as horas de vigília está em suas mãos. Identifique o que funciona para você, a fim de zerar níveis de tensão.

ii ***Mind-less-ness.*** Encontre seu caminho para alcançar a serenidade, desligue e fique quieto — literal ou figurativamente. A meditação pode ser seu caminho, mas não tem que ser o que qualquer outra pessoa faz. Descubra o que o ajuda a desligar ou o que excita e estimula sua criatividade.

iii **Descanso ativo.** Procure uma mudança de cenário e deixe sua Curiosidade alimentar ideias, inspiração, energia. Observe o que está acontecendo e seja um turista onde quer que esteja. Retorne com foco renovado.

iv **Esteja onde as abelhas e as árvores estão!** Reconecte-se com o ritmo e o passo da natureza — a grande restauradora — e note o contraste quando você emerge.

v **Respire fundo e relaxe.** Às vezes, precisamos de um Reinício rápido, para não desligar totalmente. Quando as coisas se tornam intensas, cultive técnicas para se acalmar, concentrando-se na respiração, ou respire fundo — um momento para reajuste individual ou coletivo.

vi **Encontre uma bola de futebol.** Encontre a atividade que você pode fazer que é inquestionavelmente divertida. Se você não está sorrindo ou rindo no seu dia, não está tendo o suficiente!

4 Conhecimento

A regra das seis palavras aqui é que **"Fugir da infobesidade deve vir primeiro".** Chamo de "Como administramos nossas conexões e conectividade na era digital". Assim como aprendemos a administrar a saúde física e mental por meio da dieta e do exercício, devemos agora entender que estamos em uma epidemia de infobesidade digital, e isso traz toda uma gama de problemas de Saúde Social.

As seis receitas para superar a infobesidade são *Confiança, Sabedoria, Desconhecido conhecido, Aprender, Curadoria* e *Recordar.* Qual hexágono melhor transmite este axioma? Tem que ser o Hexágono de Saturno, o extraordinário, e em grande parte inexplicável, padrão de nuvens que rodeia o planeta Saturno, que está à sexta posição a partir do sol.

Seis lições para fixação do Conhecimento

i **Priorizar a confiança.** Para decifrar os fatos da ficção, tente mantê-los simples. Comece perguntando se há mais do que se vê. Você está sendo intencionalmente cego porque quer acreditar nisso? Afaste-se: você pode rastrear a fonte do conhecimento e confiar nela?

ii **Use suas antenas.** A sabedoria combina experiência, sentimento e conhecimento. Seja a abelha: use as antenas. Use seu sexto sentido. Leve para a mesa, seja a mesa da diretoria, seja o balcão do café ou a sala de reuniões: leve o que você *já sabe.*

iii **Procure por Desconhecidos conhecidos.** Imagine e antecipe os Desconhecidos conhecidos, se puder. Aceite que há Desconhecidos conhecidos... mas não seja flagrado ignorando a possibilidade de um sobre o qual você possa fazer algo, afinal.

iv **Junte-se à revolução das habilidades comportamentais.** Aperfeiçoe suas habilidades técnicas, mas não descuide das habilidades comportamentais. Você consegue negociar bem, manter uma boa conversa, mostrar sua empatia?

v **Use um Painel de Conhecimento.** Corte através do tecido gorduroso do ID (informação demais) — enquanto também fornece variedade e diversidade, ingredientes cruciais para a Saúde Social como para a saúde física.

vi **Lembre-se do número perfeito.** Não há muito que alguém possa lembrar, portanto, tenha em mente os limites da memória de trabalho.

5 Redes

O axioma para esta receita vital é duro: **"Diversas redes importam mais que networking".** Há muito a saber sobre como ganhar simplicidade concentrando-se apenas nesta área, porque as redes sustentam tudo na natureza e na tecnologia. Quanto mais entendemos, melhor podemos praticar a criação de redes próprias e ricas. O pacote de seis aqui contém a *Hierarquia de Comunicação, Superorganismo, Redes* e o "Triplo S" de *Capital Social, Salões* e *Seis Sociais*. O que escolhi como hexágono das redes? Tem que ser a colmeia. As abelhas são uma espécie de garotas-propagandas da simplicidade e da Ação Hexagonal. A rede de células em uma colmeia é sempre — e digo sempre — feita de hexágonos. E a colmeia prospera por causa de seu sistema celular hexagonal único.

Seis lições para fixação de Redes

i **Estar frente a frente em um mundo do Facebook.** A hierarquia da comunicação nos mantém concentrados em quanto tempo nos conectamos ou não com as pessoas na vida real e no valor de mantê-la natural: frente a frente. Seja honesto(a): você está se escondendo atrás de redes baseadas em telas? Embora possa consumir muito mais tempo, é aqui que reside o verdadeiro valor. Isso também força você a priorizar e se concentrar no que é mais importante.

ii **Pense que as pessoas não são base de dados.** Lembre-se de que todos querem ser um nome, não um número. Organize quem você conhece e como você se comunica com base na qualidade, e não na quantidade dos relacionamentos.

iii **Redes, não networking.** A melhor maneira de pensar em rede é adotar uma mentalidade relacional e não transacional; não pense no *que posso ganhar com isso...* mas *como posso forjar uma conexão com alguém?* As redes irão fluir de eventos (menores) organizados para priorizar pessoas e conteúdos.

iv **Seja social.** Crie capital social fazendo parte de comunidades, porque você as fortalece e elas o fortalecem. Como abelhas, prosperamos no conhecimento especializado compartilhado e nos apoiamos na inteligência do enxame para tomar melhores decisões.

v **Cafeterias, e não conferências.** Recrie o salão e a cafeteria em pequenas reuniões íntimas e não pense que uma grande conferência é um bom substituto: são diferentes.

vi **Seis Sociais.** Faça um balanço e identifique seus "Seis Sociais". Quem são as cerca de seis pessoas em suas redes que realmente importam para você agora, e com quem você pode contar quando precisa fazer as coisas?

6 Tempo

Por mais que contemos e calculemos, não podemos esticar o tempo. **"Tratar seu tempo como seu corpo"** significa que o que você coloca em sua agenda é tão importante quanto o que você come e bebe em termos de sua Saúde Social — a forma como você administra a era conectada.

Pesquisas mostram que agora passamos cerca de seis horas por dia on-line.[2] Como aprendemos a valorizar o tempo e a gastá-lo sabiamente, para controlá-lo e fazê-lo funcionar pelo Princípio da Simplicidade? As seis receitas relacionadas ao tempo em que me concentro são: *Prazo, Cronograma, Fusos Horários, Interrupção, Relógios biológicos* e *Passado e Presente.*

A forma hexagonal para o tempo é a humilde bolha de sabão. O hexágono é amado na física porque sempre procura ser mais eficiente para o espaço. A bolha de sabão hexagonal transmite tudo o que é bagunçado sobre o tempo, bem como o quanto desejamos enfiar, de forma eficiente, nele.

Seis lições para fixação do Tempo

i **Não cumpra prazos.** A menos que você mesmo os estabeleça. Sempre questione o prazo e a linha do tempo: é real? Deve ser feito? Ou há outra maneira?

ii **Mantenha o controle de seu calendário.** O tempo é um recurso precioso e precisa ser gerenciado ativamente; controlar (na medida do possível) como você o gasta levará a uma maior produtividade.

iii **Entre no fuso horário.** Descubra qual é seu fuso horário real: você precisa tentar reestruturar quando você é mais produtivo?

iv **Obedeça ao seu relógio biológico.** Entenda o que seu corpo está lhe dizendo sobre como você passa seu tempo. Não tenha medo de olhar para dentro antes de olhar para fora.

v **Os escritórios são para bebedouros.** Não se preocupe com um escritório, a menos que seja necessário. Trabalhe onde você precisa trabalhar se for relacionado à internet, mas tenha um encontro social com seus colegas, frequentemente.

vi **Viva hoje como você quer viver amanhã.** Não perca tempo, e use a experiência passada, mas não como a melhor medida do que você faz agora ou no futuro. Concentre-se no que sua vida e suas necessidades são agora, e coloque-as em ação.

Mais seis ideias

Agora mais seis ideias a serem pensadas. Recomendo que você invista em algum papel hexagonal ou bloco de notas e que comece a brincar na página e on-line com o formato do hexágono, para ver se quer pensar visualmente em lados, seis e padrões de conexão ou apenas seguir essas ideias de uma forma mais baseada em palavras.

1 Meio hexágono

Dizem que um problema compartilhado é um problema reduzido pela metade. Que tal um hexágono? Um ator hexagonal compartilha e poliniza os problemas, assim como faz isso com soluções. Primeiro, identifique três coisas que estão acontecendo para você agora mesmo e que você quer consertar ou melhorar. Use esse meio hexágono para anotar a "coisa" geral. Mantenha a metade superior do hexágono para problemas e a metade inferior para possíveis soluções. Em seguida, pense em alguém com quem você possa compartilhar um problema bem específico: alguém de seus Seis Sociais, talvez. Veja se podem ajudá-lo a descobrir um novo ângulo, ou tomar um lado diferente da visão que está tendo.

2 Mapeamento hexagonal

Tenho certeza de que você está familiarizado com o mapeamento mental, mas que tal experimentar você mesmo com alguns hexágonos? "Hexa" é o grego para "seis" e "mapeamento hexagonal" é uma maneira de você brincar com os slides e os lados em que você quer se concentrar. A Ação Hexagonal é uma estrutura, não uma regra rígida.

Se você tem uma mão firme, você pode, é claro, esboçar estes hexágonos. Nomeie cada hexágono com algo em que você queira se concentrar e depois identifique as seis bordas do hexágono que importam ou se sobrepõem. O papel gráfico ajuda a traçar linhas entre diferentes questões, e é sempre interessante observar o quanto algumas linhas são comparadas com outras, e quão apertadas estão outras questões quando se toma esta ação de mapeamento em particular.

3 Fusos horários

Se você muitas vezes sente, no meio do dia, que não consegue se lembrar bem do que fez ou do que ainda tem a fazer (quase como uma espécie de *jet lag*), tente criar fusos horários pessoais. Isto é, basicamente um conjunto de limites diários sobre o que você faz e quando. Ninguém é uma máquina em funcionamento a cada segundo do dia. A maioria de nós está acordada por cerca de quinze horas. Desconto de três horas apenas para *viver* — levantar, descer novamente, levar e buscar alguém na escola: o que for. Isso deixa algo como doze horas todos os dias para concluir tarefas e se sentir criativo, conectado e em sintonia com a simplicidade.

Como estrutura, divida o dia livremente em seis seções de duas horas cada. Em seguida, identifique seis (claro) tipos de atividades que são regulares para você a cada dia. O truque é ser flexível, mas também fixo: juntar e agrupar as coisas para ser eficiente, mas permitir espaço e variedade suficiente para evitar o tédio ou sentar-se em um lugar por muito tempo. Personalize, é claro, mas um modelo geral é:

i **Viagem** — a pé, no metrô, em um carro. É tempo de pensar, ou tempo de ouvir, ou tempo de fazer chamadas, ou apenas estar de pé e em movimento?

ii **Processo** — da mesma maneira como se arruma a Caixa de Entrada ou se prepara o almoço. Tente separar as atividades. Mantenha a mono, não a multitarefa aqui.

iii **Pessoas.** Com quem você precisa ou quer ver, para se encontrar, partir o pão, sair? Lembre-se da Hierarquia de Comunicação das Redes: não economize em encontrar pessoas, se é a coisa certa a fazer.

iv **Projeto.** Se eu não passar duas horas na maioria dos dias fazendo algo que tenha um resultado final visível — desde a arrumação de um armário até um pouco de escrita, sinto que o deslocamento do *jet lag* do tempo não é meu. Tente completar algo que realmente precisa ser feito a cada dia.

v ***Mind-less-ness*.** Fique em modo Reinício, mesmo que por vinte minutos, um terço de uma hora. Ou dê a si mesmo três pausas, mas novamente, sem multitarefas, isso não é descansar.

vi **Físico.** Quero dizer exercício, quero dizer movimento. Acima de tudo, quero dizer: não digital. Tem que haver tempo reservado para isso, todo e qualquer dia.

4 Listas de seis

Quem não gosta de escrever uma lista? Tão útil, mas somente se você limitar a parte "fazer" e também se concentrar na parte "quando fazer". Mas uma lista de seis é realmente sobre organizar o que quer que esteja fazendo em uma lista de seis maneiras de abordar qualquer coisa, desde uma tarefa agradável até uma problemática. Então, aqui vai você:

1. Sente-se por seis minutos com um problema e revise o antes e o depois.
2. Reúna seus Seis Sociais ao seu redor para um *brainstorm* ou um evento social.
3. Pense em ciclos de seis dias, seis semanas, seis meses: o que você vê? Use um mapa hexagonal para planejar isso.
4. Limpe seis coisas em sua lista de afazeres. Seja como Arianna Huffington e Warren Buffet e reduza a complexidade!

5 Faça seu Painel de Conhecimento e comece a ser o curador de suas próprias fontes de informação.

6 Tenha um sábado de Saturno. Certifique-se de ter um dia completo de descanso, de Reinício e de redirecionamento, uma vez por semana.

Como todos esses hexágonos e seis são relevantes para você? Veja como. Assim como uma bola de futebol está lá para ser chutada a fim de jogar e, esperançosamente, ganhar um jogo, usar hexágonos para brincar, seja no papel, na cabeça ou como princípio organizador, o(a) ajudará — para usar uma analogia com o futebol — a conseguir seu gol. Se você achar que é complicado ou não está certo, pare. Conecte-se com o que sente, e a maneira simples virá quase certamente até você se tiver paciência, se se concentrar e lhe der toda a sua atenção.

5 Resoluções durante cinco anos

Você já tentou um tipo diferente de zona, que é dividir não seu dia em seis tipos de coisas que você precisa fazer, mas seu ano? Sei que é comum começar cada janeiro com uma longa lista de resoluções de Ano-Novo, mas estas sempre parecem morrer, como dietas em pouco tempo. Prefiro manter as coisas simples, como você sabe. Identifico seis metas no início de cada ano. Estas podem ser específicas ("Aprender espanhol" ou "Marcar um encontro para cada quarta-feira") ou mais amplas e gerais ("Ser mais generosa e compassiva" ou "Manter minha individualidade e invocá-la mais").

Revise-as a cada seis semanas ou mais. Eles parecem muito relevantes? Se você não estiver mantendo-as, talvez precise se concentrar em apenas uma, ou colocá-la como prioridade. O que importa é ser dono(a) de sua intenção e revisá-la. Manter simples, mas não necessariamente sem ambição: pense grande, como convém aos objetivos da vida!

6 O hexágono e a abelha

Finalmente, pense em seis maneiras de desacelerar, reduzir e se conectar com o que a natureza nos ensina sobre como encontrar soluções simples. Aqui estão seis para que você possa avançar:

1 Use caneta e papel por seis horas (dias, se puder administrá-lo) em vez de escrever documentos digitalmente, e tenha sempre um bloco de notas e uma caneta.
2 Tenha uma "sexta-feira frente a frente" em vez de uma "sexta-feira de descanso". Um dia em que você só conheça pessoas fisicamente, não virtualmente.
3 Plante algumas flores para uma abelha. Se não tiver um jardim, vá a um espaço público onde possa estar perto das abelhas e faça o que puder para ajudá-las a polinizar o ambiente delas — e o nosso.
4 Vá devagar. Caminhe e observe. Faça isso pelo menos seis vezes por semana durante o máximo de tempo possível.
5 Reduza. Faça menos. Alcance mais. Mantenha simples.
6 Sente-se ao sol onde for possível e apenas... seja.

Pense em tudo isso como um conjunto conectado de hexágonos que formam padrões que você percebe e sabe que pode mudar ou alterar. A natureza nos mostra que nada é fixo por muito tempo. Comprei um belo conjunto de luzes hexagonais de LED que podem formar todo tipo de formas diferentes em uma parede da minha cozinha. Às vezes as tenho todas iluminadas, disparando meu entusiasmo e meu foco.

Outras vezes, percebo que mantive algumas delas escuras e que o padrão que as coloco muda com meu humor e com as exigências individuais do dia. Ponha de lado este livro por sessenta segundos de vez em quando e pense apenas: o que está entrando *em sua cabeça?* Para a maioria das pessoas, iniciar estes exercícios parece um pouco estranho e forçado. Persevere um pouco.

A prática traz a perfeição. Assim como o número seis e como aquela célula hexagonal do favo de mel perfeita. Vá em frente: seja a abelha. Precisamos de você, zumbindo de forma criativa, individual, poderosa. Mantenha simples. Aprenda com a natureza. Boa sorte. E obrigada por estarem nesta viagem comigo.

AGRADECIMENTOS

Obrigada a todos que me ajudaram a construir esta colmeia de ideias. À brilhante equipe da Kogan Page, especialmente Chris Cudmore, Helen Kogan, Jaini Haria, Martin Hill, Susan Hodgson e Amy Joyner; Kim Wylie da Ingram Publishing Services; Marissa Eigenbrood e Mike Onorato da Smith Publicity e Shona Abhyankar da ed public relations. Obrigada, como sempre, aos meus agentes Elizabeth Sheinkman na PFD e Eithne Jones na Speaker Ideas.

Agradeço a Rachel Horigan por sua impecável pesquisa e sua verificação de fatos em estágio avançado e a Lesley Levene por seus olhos editoriais adicionais. À minha maravilhosa equipe da Editorial Intelligence, incluindo Laura Musins, Sophie Radice, Shanice Shields-Mills, Karen Persad e Hayden Brown. Tenho a sorte de trabalhar com um grupo tão incrível de profissionais, e cada um deles também é um ser humano muito adorável.

Por serem solidários, serem eles mesmos e estarem sempre presentes para mim — Alaric e nossa ninhada: Roman, Anoushka, Wolfgang e seus grandes irmãos Rachael e Max. Minha mãe Marlene e meu irmão Andy e nossa grande família estendida. E Mitzi, Levi e Dapple: não posso deixá-los de fora. Escrever um livro tem seus momentos de agonia, vamos ser honestos. Tive um encorajamento e feedback vitais em momentos-chave de Tom Adeyoola, Jamie Bartlett, Louise Chester, Andrew Davidson, Emma Gilpin-Jacobs, Henry Chevallier Guild, Charles Handy, Arianna Huffington, Herminia Ibarra, John Kelly, Gemma Lines, Sophie Levey, Joy Lo Dico, Emma Nelson, Bridget Nicholls, Tony Manwaring, Jessica Morris, Tanya Murphy, Hermian Murinik, Laline Paull, Matt Peacock, Rimma Perlmutter, Evelyn Reynold, Harry Ritchie, Stefan Stern, Jack Stoerger e Rachael Ward. Obrigada por revestir qualquer comentário de ferro em luvas de veludo... e a Liz de Planta, cuja pintura *Horse Chestnut in Summer*, em sua série de árvores "Look Up", tratei de comprar para mim quando o livro foi terminado: obrigada, minha amiga.

Por fim, para Brian e Elliott no Momento Print, em Crouch End, em Londres: tracei o progresso do meu livro pela espessura de cada versão que eles gentilmente imprimiram. À equipe do Psycle na Mortimer Street, Londres, em especial A. D. Lemon e Cescie por toda sua energia brilhante; a Jen Palmer-Violet e Rupal Kantaria por seu fluxo constante de fotos e objetos hexagonais: tão animador! E, como sempre, toda a equipe do Juice Bar, no The Lab, em Muswell Hill, que manteve o café vindo à minha mesa de canto enquanto eu escrevia, de cabeça baixa, com fones de ouvido, mas sempre olhando para cima com um sorriso.

NOTAS

Introdução

1 M. Kaku. *O futuro da mente: a busca científica para entender, aprimorar e potencializar a mente*, Rocco, 2015.
2 Schenkman. *No cérebro, sete é um número mágico*, Inside Science, 23 de novembro de 2009.
3 Saiba mais sobre Saúde Social no thriveglobal.com.
4 "Tri". How you can train your brain to create new habits, blog Examined Existence, s/d.

1 Mantendo o equilíbrio

1 J. Schultz. *How much data is created on the internet each day?* Blog Micro Focus, 6 de agosto de 2019.
2 D. A. Norman. *Living with Complexity,* MIT Press, 2016.
3 T. Harford. *Messy: How to Be Creative and Resilient in a Tidy-inded World*, Little, Brown, 2018.
4 M. Maeterlinck. *The Life of the Bee,* Blue Ribbon Books (Nova York), 1901.
5 *Health and safety at work: Summary statistics for Great Britain 2018*, Health and Safety Executive.
6 T. Cox, A. J. Griffiths e E. Rial-Gonzalez. *Pesquisa sobre estresse relacionado ao trabalho*. Relatório para a Agência Europeia para Segurança e Saúde no Trabalho, 2000.
7 Calculating the cost of work-related stress and psychosocial risks, European Risk Observatory Literature Review, 2014.
8 Suicídio: Uma pessoa morre a cada quarenta segundos, OMS, 2019.
9 N. Karlis. Why we feel anxious without knowing why, *Salon*, 24 de janeiro de 2019.
10 M. Bunge. The Complexity of Simplicity, *Journal of Philosophy*, 59 (5), 1962.

11 L. Jackson e R. Cracknell. *Road Accident casualties in Britain and the World*, UK Parliament Research briefings, 2018.

12 OMS. *Uso do telefone celular: um problema crescente de distração do motorista*, 2011.

2 Seis pacotes

1 M. McKay. *The hexagon (a eulogy), blog Misfits' Architecture*, 2 de abril de 2018.

2 O número 6 é chamado "perfeito" porque é igual à soma de seus fatores. Em outras palavras, 1 + 2 + 3 = 1 × 2 × 3.

3 A tradução paralela de Richard Fitzpatrick dos *Elementos de Euclides* está disponível para download gratuito na Universidade do Texas, em Austin.

4 Escrito pela primeira vez em 1955 por G. A. Miller: The magical number seven, plus or minus two: Some limits on our capacity for processing information, *Psychological Review*, 63 (2), 1956.

5 A. A. Milne. *Now We Are Six*, Methuen, 1927.

6 M Rees. *Just Six Numbers: The deep forces that shape the universe*, Orion Books, 2004.

7 L. Margonelli. *Underbug: An obsessive tale of termites and technology,* Scientific American/Farrar Straus & Giroux, 2018.

8 C. J. H. Concio. Bees declared to be the most important living being on earth, *Science Times*, 9 de julho de 2019.

9 L. Paull. *The Bees*, Fourth Estate, 2015.

10 Saturn's Hexagon could be an enormous tower, astronomia.com, 2018; L. N. Fletcher, G. S. Orton, J. A. Sinclair *et al*, A hexagon in Saturn's northern stratosphere surrounding the emerging summertime polar vortex, *Nature Communications*, 3 de setembro de 2018.

11 K. Vyas. *Why is the hexagon everywhere? All about this seemingly common shape*, Interesting Engineering, 10 de junho de 2018.

12 Bee bahviour, farmprogress.com

13 T. D. Seeley. *Honey Bee Democracy*, Princeton University Press, 2010.

14 T. Edwardes. *The Lore of the Honey-bee*, Methuen, 1919.

3 Do princípio à prática

1 *Digital Information World*, 4 de fevereiro de 2019.
2 P. Ball. Why nature prefers boundaries, *Nautilus*, 7 de abril de 2016.

4 Lado 1: Clareza

1 S. Godin. *You don't need more time*, Seth's Blog, 9 de fevereiro de 2011.
2 B. Schwartz. *The Paradox of Choice: Why more is less*, Harper Perennial, 2015.
3 S. S. Lyengar e M. Lepper. When choice is demotivating: Can ne desire too much of a good thing? *Journal of Personality and Social Psychology*, 79 (6), 2000.
4 D. Eagleman. *The Brain: The story of you*, Vintage Books (Nova York), 2017.
5 M. Lewis. Obama's Way. *Vanity Fair*, 11 de setembro de 2012.
6 G. Parker e L. Hughes. European elections: Brexit party storms to victory in UK, *Financial Times*, 27 de maio de 2019.
7 *Communications Market Report*, Ofcom, 2018.
8 M. Curtin. Are you on your phone too much? The average person spends this many hours on it every day, *Inc.*, 30 de outubro de 2018.
9 E. Ophir, C. Nass e A. D. Wagner. *Cognitive control in media multitaskers*, Proceedings of the National Academy of Sciences, setembro de 2009.
10 G. Mark, D. Judith e U. Klocke. *The cost of ininterrupted work: More speed and stress*, Anais da Conferência de 2008 sobre Fatores Humanos em Sistemas de Computação, Florença.
11 M. Boland. *Allostatic overload: Stress and emotional context Part I, blog Rebel Performance*, 21 de julho de 2017.
12 B. A. Primack, A. Shensa, J. E. Sidani, E. O. Whaite, L. Y. Liu, D. Rosen, J. B. Colditz, A. Radovic e E. Miller. Social media use and perceived social isolation among young adults in the US, *American Journal of Preventive Medicine*, 53 (1), julho 2017.
13 Royal Society for Public Health. #StatusOfMind: Mídia social e saúde mental e bem-estar dos jovens, 2017.
14 *Um exemplo de relatórios sobre o valor do hábito para a saúde mental*: M. Plata, The power of routines in your mental health, *Psychology Today*, 4 de outubro de 2018.
15 S. R. Covey. *Os sete hábitos de pessoas altamente eficazes,* Best Seller, 2017.
16 J. Clear. *Atomic Habits: An easy and proven way to build good habits and break bad ones*, Penguin, 2018.

17 H. Villarica. The chocolate-and-radish experimente that birthed the modern conception of willpower, *The Atlantic*, 9 de abril de 2012.

18 N. Eyal. Have we been thinking about willpower the wrong way for 30 years? *Harvard Business Review*, 23 de novembro de 2016.

19 R. H. Thaler. *Misbehaving: The making of behavioral economics, Norton*, 2016.

20 T. Ferris. *4 horas para o corpo: Um guia pouco convencional para perder gordura depressa, ter uma vida sexual incrível e se tornar super-humano*, Intrínseca, 2012.

21 Glassdoor novamente classifica a Kronos como o melhor lugar para se trabalhar, Kronos Incorporated, 2018.

22 J. Maeda. *The Laws of Simplicity,* MIT Press, 2006.

23 *Perspectivas Comportamentais e Políticas Públicas: Lições de todo o mundo*, OCDE, 2017.

24 S. Lakhotia. Gig Economy: a boon for women, *Entrepreneur,* 24 de Maio de 2019.

25 D. Allen. *Getting Things Done: The art of stress-free productivity*, Penguin, 2001.

26 *European Self Storage Survey*, Federation of European Self Storage Associations, 2019.

27 Global self storage Market size, share, trends, CAGR by technology, key players, regions, cost, revenue and forecast to 2014, Analytical Research Cognizance, 23 de julho de 2019.

28 J. Wallman. *Stuffocation: Living more with less: How we've had enough of stuff and why you need experience more than ever*, Crux Publishing, 2015.

29 S. Begley. The Science of Making Decisions, *Newsweek*, 27 de fevereiro de 2011.

30 S. Bates. A decade of data reveals that heavy multitaskers have reduced memory, Stanford psychologist says, *Stanford News,* 25 de outubro de 2018.

5 Lado 2: Individualidade

1 How do snowflakes form? Get the science behind snow, National Oceanic and Atmospheric Administration, 2016.

2 B. R. Little. Personal projects and free traits: Personality and motivation reconsidered, *Social and Personality Psychology Compass*, 2/3, abril de 2008.

3 B. R. Little. *Me, Myself and Us: The science of personality and the art of well-being*, Public Affairs (New York), 2016.

4 J. Hobsbawm. Overcoming digital distraction, *Strategy+Business,* 23 de janeiro de 2019.

5 S. Salim. More than six hours o four day is spent online, *Digital Information World*, 4 de fevereiro de 2019.

6 R. Bharadwaj. AI for identity theft protection in banking, *Emerj*, 16 de agosto de 2019.

7 R. Siciliano. *Youth suicide on the rise... Is social media to blame?* Blog Safr. me, 9 de maio de 2019.

8 C. Warzel. Could restorative justice fix the internet? *New York Times*, 20 de agosto de 2019.

9 Tipos de personalidade OCEAN (os Cinco Grandes Traços), Vision One, 26 de junho de 2016.

10 T. Grandin e R. Panek. *The Austitic Brain: Thinking across the spectrum,* Houghton Mifflin Harcourt, 2013.

11 teamdomenica.com.

12 L. Devine. Diana's goddaughter, 24, reveals she spoiled her Family after receiving her first ever pay cheque, *The Sun*, 2 de setembro de 2019.

13 johnscrazysocks.com.

14 Moai Capital.

15 T. Tharp. *The Creative Habit: Learn it and use it for life*, Simon & Schuster, 2018.

16 D. Bledsoe. Screenwriting with impact: 6 tips for vastly improving your scripts, *Freelance Writing*, s/d.

17 P. Belton. *My robot makes me feel like I haven't been forgotten*, BBC News Business, 31 de agosto de 2018.

18 W. Smale. *How rude servisse inspired a multi-million euro firm*, BBC News Business, 1 de julho de 2019

19 M. J. Poulin e E. A. Holman, Helping hands, healthy body? Oxytocin receptor gene and prosocial behavior Interact to buffer the association between stress and physical health, *Hormones and Behavior*, 63 (1), março de 2013.

6 Lado 3: Reinício

1 J. Odell. *How to Do Nothing: Resisting the attention economy*, Melville House Publishing, 2019.

2 O. Moshfegh. *My Year of Rest and Relaxation*, Jonathan Cape, 2018.

3 E. Pofeldt. Are we ready for a workforce that is 50% freelance? *Forbes*, 17 de outubro de 2017.

4 *Acelerando a requalificação da força de trabalho para a Quarta Industrial Revolução*, Fórum Econômico Mundial, 2017.

5 J. Hari. *Chasing the Scream: The first and last days of the war on drugs*, Bloomsbury, 2015.

6 A. Huffington. *Thrive: The third metric to redefining sucess and creating a life of well-being, wisdom, and wonder*, Harmony, 2014.

7 F. Jabr. Why your brain needs more downtime, *Scientific American*, 15 de outubro de 2013.

8 A. Pilar. *Secret to brain sucess: Intelligent cognitive rest*, Blog Harvard Health, 4 de maio de 2017.

9 M. Pollan. *Como mudar sua mente: O que a nova ciência das substâncias psicodélicas pode nos ensinar sobre consciência, morte, vícios, depressão e transcendência*, Intrínseca, 2018.

10 H. Jury. *How travel can benefit our mental health*, blog Psych Central, 8 de julho de 2018.

11 H. J. Wadey. *The Bee Craftsman: A short guide to the life story and management of the honey-bee*, A. G. Smith, 1945.

12 J. Suttie. *How nature can make you kinder, happier, and more creative*, no Greater Good Science Center da UC Berkeley, 2 de março de 2016.

13 S. D'Souza, e D. Renner. *Not Doing: The art of effortless action*, LID Publishing, 2018.

14 M. van den Berg, J. Maas, R. Muller, A. Braun, W. Kaandorp, R. van Lien e A. van den Berg. Autonomic nervous system responses to viewing green and built settings: Differentiating between sympathetic and parasympathetic activity, *Internacional Journal of Environmental Research and Public Health*, 12 (12), 2015.

15 A. W. Brooks. Emotion and the art of negotiation, *Harvard Business Review*, 93 (12), dezembro de 2015.

16 S. D. Pressman, K. A. Matthews, S. Cohen, L. M. Martire, M. Scheier, A. Baum e R. Schulz. Association of enjoyable leisure activities with psychological and physical well-being, *Psychosomatic Medicine*, 71 (7), setembro de 2009.

17 D. Sgroi. *Happiness and productivity: Understanding the happy-productive worker*, Social Market Foundation and Foundation for Competitive Advantage in the Global Economy, 2015

18 Como está a vida? 2017: *Medindo o bem-estar*, OCDE, 2017.

7 Lado 4: Conhecimento

1 M. Haig @matthaig1. Twitter, 27 de maio de 2019.

2 T. Klingberg. *The Overflowing Brain*, Oxford University Press, 2009.

3 J. Szalay. Camel spiders: Facts and myths, *Live Science,* 17 de dezembro de 2014.

4 M. Gladwell. Talking to strangers: What we should know about the people we don't know, Allen Lane, 2019.

5 J. Bartlett. *The Missing Cryptoqueen*, podcast, 2019.

6 D. A. Norman. *Living with Complexity,* MIT Press, 2016.

7 R. B. Cialdini. *Influence: The psychology of persuasion,* HarperCollins, 1993.

8 P. Ashcroft e G. Jones. *Alive: Digital humans and their organizations*, Novaro Publishing, 2018.

9 K. Szczepanski. The invention of the saddle stirrup, ThoughtCo, 3 de julho de 2019.

10 W. Lipmann. *Liberty and the News*, Harcourt, Brace and Howe, 1920.

11 *The New Digital Workplace Divide*, Unisys, 2018.

12 D. Rumsfeld. *Informações sobre notícias do Departamento de Defesa dos EUA*, 12 de fevereiro de 2002.

13 R. Harris. Death by PowerPoint, Zdnet, 29 de abril de 2010.

14 J. F. Messier. What if NASA had not used PowerPoint in 2003? Novo blog de apresentação de vendas, 27 de abril de 2019.

15 "Jamie". *Death by PowerPoint*: the slide that killed seven people, Blog McDreeamie Musings, 15 de abril de 2019.

16 N. N. Taleb. *The Black Swan: The impact of the highly improvbable*, Penguin, 2010.

17 A. Smith. *Entrevista com Andre Geim*, Fundação Nobel, 5 de outubro de 2010.

18 N. N. Taleb. *Fooled by Randomness: The hidden role of chance in life and in the markets*, Penguin, 2007.

19 P. Illanes, S. Lund, M. Mourshed, S. Rutherford e M. Tyreman. *Retraining and reskilling workers in the age of automation*, McKinsey Global Institute, 2018.

20 National Qualities Index, Qdooz, 2019.

21 L. S. A. Kwapong, E. Opoku e F. Donyina. The effect of motivation on the performance of teaching staff in Ghanaian polytechnics: The moderating role of education and research experience, *International Journal of Education and Research,* 3 (11), novembro de 2015.

22 *Obesidade e excesso de peso*, OMS, fevereiro de 2018.
23 R. J. Yun, J. H. Krystal e D. H. Mathalon. Working memory overload: Fronto-limbic interactions and effects on subsequente working memory function, *Brain Imaging Behaviour,* 4 (1), Março de 2010.

8 Lado 5: Redes

1 K. Nanjiani. *Endereço inicial no Grinnell College*, Iowa, 22 de maio de 2017.
2 M. D. Lieberman. *Social: Why our brains are wired to connect*, Oxford University Press, 2013.
3 S. Kemp. Digital 2019: *Global Internet use accelerates*, We Are Social blog, 30 janeiro 2019
4 P. Wohlleben. *A vida secreta das árvores: O que elas sentem e como se comunicam*, Sextante, 2017.
5 J. Hobsbawm. *Sempre conectados: saúde social em uma era de sobrecarga.* Rio de Janeiro: Ubook, 2020.
6 R. I. M. Dunbar. *Do online social media cut through the constraints that limit the size of off-line social networks*? Royal Society Open Science, 1 de janeiro de 2016.
7 E. Cirino. What the benefits of hugging? *Healthline,* 10 de abril de 2018.
8 T. Hanson. *Buzz: The nature and neccesity of bees*, Icon, 2018.
9 S. Kesebir. The superorganismo account of human sociality: How and when human groups are like beehives, Personality and Social *Psychology Review,* 16 (3), 2011.
10 A. L. Barabasi e E. Bonabeau. Scale-free networks, *Scientific American*, maio de 2003.
11 M. R. Roghanizad e V K Bohns. Ask in person: You're less persuasive than you think over email, *Journal of Experimental Social Psychology*, 69, março de 2016.
12 F. Laloux. *Reinventing Organizations: A guide to creating organizations inspired by the next stage of human consciousness*, Nelson Parker (Bruxelas).
13 T. Standage. *Writing on the wall: Social media — the first 2.000 years*, Bloomsbury, 2014.
14 marnitastable.org.

9 Lado 6: Tempo

1 S. Kemp. *Digital em 2018: World's internet users pass the 4 billion mark*, blog We Are Social, 30 de janeiro de 2018.

2 *Internet Stats & Facts for 2019*, blog Hosting Facts, 17 de dezembro de 2018.

3 Y. N. Harari. *21 Lições para o século 21*, Companhia das Letras, 2018.

4 B. Nelson. *The world's 10 oldest living trees*, Mother Nature Network, 27 de outubro de 2016.

5 S. Godin. *Lesson's for telling time*, Seth's Blog, 26 de fevereiro de 2019. Recomendo a leitura de toda e qualquer coisa de Seth Godin.

6 E. J. Langer e J. Rodine. The effects of choice and enhanced personal responsibility for the aged: A field experimente in an institutional setting, *Journal of Personality and Social Psychology*, 34 (2), agosto de 1976.

7 B. Chapman. O que aconteceu quando a Suécia tentou seis horas de trabalho, *The Independent*, 10 de fevereiro de 2107.

8 S. Boseley. Too much overtime is bad for your health, says study, *The Guardian*, 11 de maio de 2010.

9 *O futuro dos empregos: Estratégias de emprego, habilidades e força de trabalho para o Quarta Revolução Industrial,* Fórum Econômico Mundial, 2016.

10 E. Pofeldt. Are we ready for a workforce that is 50% freelance? *Forbes*, 17 de outubro de 2017.

11 R. Jay. 5 etiquette rules for working across time zones, Remote.co, 5 de março de 2018.

12 A. Ain. *Work Inspired: How to build na organization where everybody loves to work*, McGraw-Hill, 2019.

13 C. Newport. *Deep work: Rules for focused sucess in a distracted world*, Piatkus, 2016.

14 F. Laloux. *Reinventing Organizations: A guide to creating organizations inspired by the next stage of human consciousness*, Nelson Parker (Bruxelas), 2014.

15 B. Daisley (2019) *The Joy of Work: 30 ways to fix your work clture and fall in love with your job again*, Random House, 2019.

16 S-J. Blakemore. *Inventing Ourselves: The secret life of the teenage brain*, Black Swan, 2019.

17 C. Rovelli. Time trave lis just what we do every day, *The Guardian*, 31 de março de 2019.

18 J. Wajcman *Pressed for Time: The acceleration of life in digital capitalism*, University of Chicago Press, 2015.

19 S. Burkhart em: J. O'Donnell Maroney. *Being Present: A practical guide for transforming the employee experience of your frontline workforce*, The Workforce Institute at Kronos, 2019.

10 Seis Pensadores do Hexágono

1 F. Osier. *The key to a better vaccine*. TED talk, abril de 2018.

2 N. Pullman. *A simple life*, blog Wicked Leeks, 22 de agosto de 2019.

3 A. Norris. 11 intriguing basalt columns around the world, From the Grapevine, 1 de outubro de 2014.

4 A. Huffington. *The sleep revolution: Transforming your life, one night at a time*, Penguin Random House, 2016.

5 ourbrainbank.org.

6 G. Thunberg. *No One Is Too Small to Make a Difference*, Penguin, 2019.

7 J. Henley. #stayontheground: Swedes turn to trains amid climate "flight shame", *The Guardian*, 4 de junho de 2019.

11 Seja a abelha

1 J. Françon. *The Mind of the Bees*, Methuen, 1947.

2 L. Margonelli. *Underbug: An obsessive tale of termites and technology*, Scientific American/Farrar Straus & Giroux, 2018.

12 Seis lições para fixação + 6

1 F. Macdonald. Scientists have made a Diamond that's harder than diamond, *Science Alert*, 13 de dezembro de 2016.

2 S. Salim. More than six hours o four day is spent online, *Digital Information World*, 4 de fevereiro de 2019.

LEITURA ADICIONAL

A. Ain. *Work Inspired: How to build na organization where everybody loves to work*, McGraw-Hill, 2019.

D. Allen. *Getting Things Done: The art of stress-free productivity,* Penguim, 2001.

P. Ashcroft e G. Jones. *Alive: Digital humans and their organizations,* Novaro Publishing, 2018.

S-J. Blakemore. *Inventing Ourselves: The secret life of the teenage brain*, Black Swan, 2019.

S. Burkhart em: J. O'Donnell Maroney. *Being Present: A practical guide for transforming the employee experience of your frontline workforce*, The Workforce Institute at Kronos, 2019.

R. B. Cialdini. *Influence: The psychology of persuasion*, HarperCollins, 1993.

J. Clear. *Atomic Habits: An easy and proven way to build good habits and break bad ones*, Penguin, 2018.

S. R. Covey. *Os sete hábitos de pessoas altamente eficazes,* Best Seller, 2017.

B. Daisley (2019) *The Joy of Work: 30 ways to fix your work clture and fall in love with your job again*, Random House, 2019.

S. D'Souza, e D. Renner. *Not Doing: The art of effortless action,* LID Publishing, 2018.

D. Eagleman. *The Brain: The story of you*, Vintage Books (Nova York), 2017.

T. Edwardes. *The Lore of the Honeybee*, Methuen, 1937.

Euclides. *Os elementos*, Unesp, 2019. [Em uma tradução paralela de Richard Fitzpatrick está disponível para download gratuito na Universidade do Texas em Austin.]

T. Ferris. *4 horas para o corpo: um guia pouco convencional para perder gordura depressa, ter uma vida sexual incrível e se tornar super-humano*, Intrínseca, 2012.

J. Françon. *The Mind of the Bees*, Methuen, 1947.

M. Gladwell. Talking to strangers: What we should know about the people we don't know, Allen Lane, 2019.

T. Grandin e R. Panek. *The Austitic Brain: Thinking across the spectrum*, Houghton Mifflin Harcourt, 2013.

T. Hanson. *Buzz: The nature and neccesity of bees*, Icon, 2018.

Y. N. Harari. *21 Lições para o século 21*, Companhia das Letras, 2018.

T. Harford. *Messy: How to Be Creative and Resilient in a Tidy-inded World*, Little, Brown, 2018.

J. Hari. *Chasing the Scream: The first and last days of the war on drugs*, Bloomsbury, 2015

J. Hobsbawm. *Sempre conectados: saúde social em uma era de sobrecarga.* Rio de Janeiro: Ubook, 2020.

A. Huffington. *The sleep revolution: Transforming your life, one night at a time*, Penguin Random House, 2016.

A. Huffington. *Thrive: The third metric to redefining sucess and creating a life of well-being, wisdom, and wonder*, Harmony, 2014.

M. Kaku. The Future of the Mind: The scientific quest to understand, enhance, and empower the mind, Doubleday, 2014.

T. Klingberg. *The Overflowing Brain*, Oxford University Press, 2009.

M. D. Lieberman. *Social: Why our brains are wired to connect*, Oxford University Press, 2013.

W. Lipmann. *Liberty and the News*, Harcourt, Brace and Howe, 1920.

B. R. Little. *Me, Myself and Us: The science of personality and the art of well-being*, Public Affairs (Nova York), 2016.

J. Maeda. *The Laws of Simplicity*, MIT Press, 2006.

M. Maeterlinck. *The Life of the Bee*, Blue Ribbon Books (Nova York).

L. Margonelli. *Underbug: An obsessive tale of termites and technology,* Scientific American/Farrar Straus & Giroux, 2018.

A. A. Milne. *Now We Are Six*, Methuen, 1927.

O. Moshfegh. *My year of rest and relaxation*, Jonathan Cape, 2018.

The New Digital Workplace Divide, Unisys, 2018.

Newport. *Deep work: Rules for focused sucess in a distracted world*, Piatkus, 2016.

A. Norman. *Living with Complexity*, MIT Press, 2016.

J. Odell. *How to Do Nothing: Resisting the attention economy,*
Melville House Publishing, 2019.

Paull. *The Bees, Fourth Estate*, 2015.

Pollan. *Como mudar sua mente: O que a nova ciência das substâncias psicodélicas pode nos ensinar sobre consciência, morte, vícios, depressão e transcendência*, Intrínseca, 2018.

M Rees. *Just Six Numbers: The deep forces that shape the universe,* Orion Books, 2004.

B. Schwartz. The Paradox of Choice: Why more is less, Harper Perennial, 2015.

T. D. Seeley. *Honey Bee Democracy*, Princeton University Press, 2010.

T. Standage. *Writing on the wall: Social media — the first 2.000 years*, Bloomsbury, 2014.

N. N. Taleb. *The Black Swan: The impact of the highly improvbable*, Penguin, 2010.

N. N. Taleb. *Fooled by Randomness: The hidden role of chance in life and in the markets*, Penguin, 2007.

R. H. Thaler. *Misbehaving: The making of behavioral economics*, Norton, 2016.

T. Tharp. *The Creative Habit: Learn it and use it for life*, Simon & Schuster, 2006.

Thunberg. *No one is Too Small to Make a Difference*, Penguin, 2019.

J. Wadey. The Bee Craftsman: A short guide to the life story and management of the honey-bee, A. G. Smith, 1945.

J. Wajcman. *Pressed for Time: The acceleration of life in digital capitalism*, University of Chicago Press, 2015.

J. Wallman. *Stuffocation: Living more with less: How we've had enough of stuff and why you need experience more than ever*, Crux Publishing, 2015.

P. Wohlleben. *A vida secreta das árvores: O que elas sentem e como se comunicam*, Sextante, 2017.